子どものサインに気がついて

モンテッソーリ園長の子育てアドバイス

堀田和子

瀬谷出版

はじめに

ある日、父母会が終わった後にひとりの母親に呼びとめられました。「先生の子育てのアドバイスをまとめて本にしてください。『子供の家』に子どもを通わせることができない郷里の友人たちに聞かせたいです」と。

熱心な母親たちに後押しされる形で、父母会やモンテッソーリコース、大学での講義、原稿で書きためていたものを、今回まとめて出版することになりました。

私がモンテッソーリ教育と出会ったのは五〇年ほど前になります。創作学習塾で、制作やゲーム、実験などを通して数や科学、英語の教材開発に日々苦心していた時、たまたまタイムライフ社の雑誌の中で、「education with chaos」と称する記事が目にとまりました。広い教室で三〜四〇名の子ども達が思い思いに活動している写真が掲載されていました。あるグループは試験管を握って実験をしている。向こうでは上半身裸になってはしごをのぼっている。ある子ども達はまるくなって本を読んで議論している、という教室風景でした。その説明文の一節に、この教育法の発端は「モンテッソーリ教育にある」という一文を目にし、早速大学の恩師の元に相談に行くと、なんと母校の大学内で「モンテッソーリ教師養成コースが今年から始まった」ということでした。すぐに聴講生として授業に参加し、翌年には正課生となり、モンテッソーリ教師養成コースで、デイプロムを取得しました。コース終了後、モンテッソーリ原宿子供の家を開設し、四六年が経ちました。二七年前にはモンテッソーリすみれが丘子供の家を開設し、現在も現役で保育の現場に立っています。

子どもの教育法はモンテッソーリ初め、シュタイナー、フレナなどいろいろありますが、あなたの子どもはあなたの子らしく育ててほしいと思います。それぞれの家庭のオリジナルな子育てとして、自分を見つめながら、自分が育てたからこそ育った子どもだと思えるようになってほしいと思います。同じ子どもは一人としていません。その子を見つめ、その子に寄り添ってどうあるべきかを考え、共感して育ててほしいと願っています。

カナダで暮らす息子が十数年ぶりに帰国した時のことです。レストランで「ゆっくり食事をしよう」と提案すると、「いや、レストランよりも家で食べたい」と言います。

何が食べたいのか聴くと「子どもの時に作ってくれた三色弁当とか、ウインナ入りのスパゲティーミートソースとかオムレツとか」などなど、いくつかの手料理をあげました。仕事をしながらの子育てで、料理もさっとできてお腹いっぱいになるものをと急いで作り、心をこめて作ったという印象はなかったので、びっくりしました。

聴いてみると、「レストランでも、同じメニューの料理が食べられるが、味が少し違う。子どもの時に作ってくれたあのハンバーグが、あのスパゲッティーが、あの三色弁当が食べたい」と言うのです。

この時、ふと思いました。食事で心を繋ぐ、食事で親子の絆を繋ぐとはこのことではないかと。感覚の鋭い幼少期に味わった味は大人になっても残っていて、ゆっくりしたい時、昔食べたあの味が自然にわき出てきて、幸せを感じたくなるのではないか。人は幼少期に味わった母の味が幼少期に過ごした幸せなイメージとして刷り込まれているのではないでしょうか。幼少期に体験した幸せ感、皆に愛されている、包まれている幸せ感が大人になった時に脳裏に残っていて、それをまた味わいたい、再体験したいと。

世界共通の味のハンバーガーやコンビニのお弁当、どこかの給食メーカーが作る給食の味が母の味になってしまってはさびしくないでしょうか。その家の味が、ひいては、その家のルール、その家の価値観が子どもの成長に影響してゆくのではないでしょうか。

最近では、親による子どもの虐待や、それが高じて子どもを死に追いやってしまう悲しい事件をよく耳にし、市町村でも虐待の有無に敏感になっています。

どんなことがあっても、子どもは皆に望まれ、愛されて育つことが大切です。

子どもは、一人の人格として扱われるべきなのです。

老人福祉を専門としている方によると、その人の人生の最終期に、五歳までの幼少期の記憶だけが残り、幼少期が幸せであれば、幸せな記憶の中で人生の最後を迎えることができるのだといいます。

いかに人の人生にとって幼少期の体験、記憶が大切なのか、幼児を保育しているものとして身の引き締まる思いがします。

マリア・モンテソーリは「子どもは救世主。この世で何が大切なことなのか、何をすべきなのか、大人に気づかせるためにこの世に繰り返し生まれてくるのです」と言っています。子どもと日々過ごしている中で、ある時、ある一言、ある出来事に深く考えさせられる時があります。この本は、子どもとの生活の中で、子どもから気づかされたいろいろな事例を記してみたものです。

子どもは日々感じている。子どもは常に大人を見て学んでいる。そして何らかのサインを出しているのです。大事なことは何かを教えているのです。大人たちが子どもの感性に、子どもの鋭い目、観察力に気づき、そのサインに呼応して子育てしてゆくことができるよう、この本がその一助になれば幸いです。

もくじ

第1章　親子ともイライラしない極意

第2章　第一子、第二子、ひとりっ子の育て方

第3章　子どもの能力を最高に引き出す方法

第4章 迷わないための子育ての哲学

第1章

親子とも イライラしない 極意

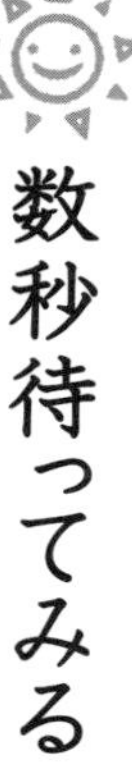

数秒待ってみる

子どもがもたもたする、言った通りにしない、ぐずる…

親の思った通りに動かないというのは、どなたも経験することでしょう。時間がないとイライラがつのり、はやくはやくとせかすけれど、子どもはよけい動かなくなる。「うちの子だけなぜこんなにだめなのか」と思ってしまう方もいるかもしれません。

けれども、子どもが思い通りに動かない時には、必ず理由があるのです。

そもそも子どもは未完成の存在です。

あと少しでできるようになることでも、今はできないのです。それを無理やりやらせようとしても、子どもも親も互いにストレスがたまるだけです。できないなら、できるやり方に変えれば、うまくいきます。

発達の段階に沿った対処法に変えてみましょう。それだけで、子育ては驚くほど楽になります。

子どもだからできないことの例があります。

ある時、園で子どもたちの動線を考え、教具棚の位置を変えた時がありました。今まであった教具を九〇度左にある棚に移動したのです。

このような時、子どもたちにはある同じような、混乱した行動が見られます。教具を持ち出す時には問題なくできますが、元の棚に戻そうとする時、必ずと言っていいほど、以前にあった場所に置こうとするのです。

それは、子どもは自分の動きを身体で覚えているので、以前あった棚の方向に身体が自然に動いてしまうからです。しばらくは、前の位置に無理して押し込んである時もあります。

この時は、戻す場所が変わったことを伝え、子どもの手に、手を添えて一緒に戻すようにすると二、三日のうちには新しい環境に順応し、混乱なく活動できるようになりました。

モンテッソーリは、この子どもの特性を踏まえ、教えようとすることは動きを通して伝え、子ども自身が動いて身につけていくように促します。言葉であれこれ教え込むのではなく、**動きを見てもらい、その動きを繰り返し行うことで身体で覚える（筋肉で記憶する）**ことが、たやすく身につく方法なのです。

その後に発達した心理学でも、一歳から三歳の子どもの思考は運動思考と言って、動くものを見て関心を持ち、その動きをよく見て学び、自分で動いてみて身につける時期と言われています。

別の日には、教具を前の場所の方向に持って行こうとする子がいて、「あっ、待って、こっちよ」と声をかけましたが、しばらく方向を変えずにそのまま歩いているので、再度「こっちよ」と聞こえるように大声で言おうとしたその時、その子は「はっ」と気づいてきびすを返して、正しい場所に入れました。何度も言おうとしなくて良かった、と反省しました。「こっちよ」という言葉を左脳で聞いて理解し、「方向を変えよう」と思って右脳で命令して体を動かすまでに、脳梁という梁を通っていく伝達が、小さい子どもほどゆっくりと伝わるのです。

聞いて理解しても、動きとして行動に移すのに時間が数秒かかるのだそうです。

この数秒を待てないと、何度も繰り返し「こっち、こっち」と促して、その言葉を理解するのにまた時間がかかってぐずぐずになったり、「うるさいな、わかってる」と言われてしまったり、「何度も言ってるのにどうして聴けないの?」と、子どもをさげすむ言葉を投げかけてしまうことになるのです。

少し待つこと、これがイライラせずに子育てするポイントです。

子どもの言い分を聞く
①ぐずる子どもの思いに寄り添う

子どもでも、いやなことややりたくないと感じることがあって、尻ごみしたいことがあります。また、親の思いに反抗し、行き違うことがあります。

C君は、登園時、玄関で何やら親にぐずっています。

「どうしたんですか？」と聞くと、お母さんが「ほら先生がいらっしゃったよ。早く入りなさい」と促しますが、子どももなかなか譲らず、もめています。母親は幼稚園で楽しいことがあることや「お友だちが待っているよ」などと言って入室させようとしています。

そこで、ぐずっている子どもの言い分を少し聞いてみると、どうやらウルトラマンのカードが欲しいとねだっているのです。幼稚園にスムーズに入ってほしい母親の気持ちがわかっているのか、ここで無理を言えば、折れて買ってもらえると思っているのかもしれません。母も負けじと園の中に入るように言い含めていますが、聞き入れません。

先生が口を挟みました。

「C君、ウルトラマンのカードが欲しいの？」

子どもの言い分を言い直して聞いてみました。するとぐずぐず言っていたC君は泣きやんで「そうだよ。ウルトラマンが好きなんだ」と答えてくれました。

母親がいくらなだめても少しも返事をしなかったのに、子どもの言い分を一言声に出して、「〜が欲しいと言っているのね？」と返すことで、すぐに泣きやみました。

「そうか。ウルトラマン強いものね。大好きだよね」

「うん。でも…ウルトラマンカードが欲しいんだ」と話が続きます。

先生が提案してみました。

「ウルトラマンカードを自分で作ってみない？」

「うん」ということで入室できたのです。

「先生、ウルトラマンわからないから、本を持っていたら、明日持ってきてくれる？一緒にカード作りを手伝うから」と言うと、「明日持ってくる」と一件落着。

ウルトラマンの絵を描いてあげると、子どもはそれに糸と針で縫いとりをして色を塗り、来る日も来る日もウルトラマンカードの縫いとりをして、一学期をかけて立派なカード図鑑になりました。

たった一日の出来事でしたが、その日からぐずることもなく、毎日スムーズにカード作りを楽しみに登園するようになりました。先生の魔法の言葉は何だったのでしょうか。ウルトラマンを作ってあげたからでしょうか？　そうではありません。

それは、ぐずっている時に子どもの声に耳を傾け、「あなたはウルトラマンが好きなのね？」と子どもの言い分を聞いて言葉をかけたことなのです。

あれこれ理由を聞き出したり叱咤激励せずに、**子どもの言い分を聞いてそれを代弁し、心の整理をしてあげる**だけで、子どもは自分で納得して前に進めるようです。

「縫いとり」
縫う部分を目打ちで開け、針に糸を通して縫う

子どもの言い分を聞く

②気持ちを代弁してあげる

ある夏休み、園児の母親に夏休みの宿題を出しました。

「日ごろのお子さんの行動で、困ったなと思うことを、子どもとのやり取りの会話形式で書き出してみましょう。このとき、できるだけ子どもの言い分を聴き、その気持ちを代弁するようにして、気持ちを整理して会話してみましょう」

これは、いつも子どもの言い分を聞かないで、すぐに注意したり、ダメと禁止したり、また、「こうしたらいいよ」と提案したりしがちな親に対して、まずは、子どもが何を言いたいのかを知って共感し、その気持ちを整理して代弁してあげることをしてもらおうとしたのです。子どもは自分の気持ちを上手に説明できないので、「あなたはこう思っているのね」と整理して代弁してあげると、案外、母親が困っていることがスムーズに聞き分けてもらえる、とアドバイスして、実践してもらいました。

すると、ある母親のレポートの中に、興味深いものがありました。二歳と四歳の姉妹のいる母親です。

ある日、いつものように姉妹で遊んでいる時、姉のやっているおもちゃを妹が欲しがり取ってしまいました。姉が「だめ」とそのおもちゃを取り返すと、妹は大きな声で「お姉ちゃんが取った」と泣き始め、喧嘩になり始めた時のことでした。いつもなら、母親は、「お姉さんなんだからちょっと貸してあげなさい。すぐ気がすむからお姉さんのあなたが我慢しなさい」と姉をたしなめて、譲るように助言するのですが、私の出した夏休みの宿題を思い出し、姉の言い分を聞くことにしました。

すると、特に姉の行動に非はなく、ただ妹がそれを欲しかっただけだとわかり、母親は、妹に「これはお姉ちゃんが大事にしているものだから、お姉ちゃんに返しなさい」と伝えました。妹は「絶対にいやだ」の一点張りで譲らないので、いつものように姉のほうに我慢させようかと悩みつつも、何度も「お姉ちゃんが大事にしているものだから、返そうね」と妹を抱きながら言い聞かせていると、今まで喧嘩していた姉が、自分から突然「ママ、いいよ。Aちゃんに貸してあげるよ。あんなに泣いているんだから、可哀そうだよ」と言っておもちゃを渡し、平和に解決したことが綴ってあり、「姉が自分から譲ると言ったことに、びっくりした」とレポートされていました。

母親は、「いつもなら結局二人とも言い張って喧嘩は収まらず、自分は喧嘩のもととなるおもちゃを取り上げて、姉には「お姉さんなのに譲れない」と叱り、妹には「わがままばかり言って」と叱って無理やり終了させていたのに、このように平和に収まるとは思わなかったし、子どもの言い分を聞いてあげてそれをわかってあげると、自分から譲ることができることに驚いた」とレポートを結んでありました。

これは、事件を母親目線で早く解決させようとして、姉の言い分を聞かずにことを進めたのではなく、姉から「なぜ取り合いになっているのか」を聞く姿勢を見せ、このことで、姉は**自分の気持ちが親に理解されていると感じた**から生まれた言動なのです。また、母親が泣いて欲しがっている妹を必死に抱きしめながら、「お姉ちゃんの大事なものだから返そうね」と言い聞かせていることに心打たれたことから出たことだと思います。

元来、子どもは争いやののしり合う光景は好きではなく、平和を求めているものなのです。ですから、自分から譲るという言葉が出たのだと思います。

頭ごなしに我慢させたりしていないでしょうか。理由も聞かずに叱ったりしていないでしょうか。よく子どもの言い分を聞いて、その気持ちを代弁するだけで、いつものけんかは収まると思います。試してみましょう。

子どもの言い分を聞く
③オウム返しで解決する

何か子どもが嫌がったり主張したときは、それに賛成しなくてもよいので、子どもの言い分を聞いてあげ、**「そう。～がしたいのね？」とか「～がいやなのね？」などと返してあげると、**「だって～だもん」と理由を話し出します。

話し出したら、続けて「～だから嫌なのねえ」とか、相手の言い分を口に出して聞いてあげるのです。提案も理由を聞かずにただ聞いてあげると、子どもは、自分から次々に答えや理由を考えて言い出します。そして、また「そう。～だと思っているのね？」と聞いていくと、しまいには自分でどうすればよいかの考えを見つけて納得し、ぐずっていた場をやり過ごすことができます。

このコミュニケーションのしかたは、トマス・ゴードンという博士が提唱したもので、『親業』という著書の中に詳しく書かれています。

このオウム返しの効用を、別のところでも見たことがあります。

ある日、テレビの番組で、義足をつけて走る練習をする少女を取り上げ、その少女がいかにハンディを乗り越えてチャレンジしているか、若いタレントの少女が取材し、レポートしていました。

少女は、義足そのものがまだ足に慣れていないので、思うように走れません。そのため、良い結果が出ない悔しさと、自分の思うように足が動かないもどかしさで、泣き出してしまいました。いつまでもただ泣いている義足の少女に、レポートしていたタレントの少女は、何と言って慰めていいか言葉に詰まってレポートできない状態でした。

「こうしたらもっとタイムが出るよ」とか「もっとがんばればできるよ」などの言葉をかけられないような状態の中で、そのタレントの少女が義足の少女に投げかけた言葉は、次のような言葉でした。

「早く走りたいんだよね」「でも思うように足が動かなくてはがゆいんだよね」「負けて悔しいんだよね」。何度もそう言って話しかけていました。

その言葉で義足の少女は何度も何度もうなずき、そのうちに泣きやみました。

そして、悔しいこと、義足に足が慣れていないことなど、自分から落ち着いて話すことができるようになり、また再挑戦して走る練習を再開することができました。

この時の若いタレントの少女のなげかけた言葉こそ、相手に届く最良の言葉かけだと思いました。タレントの少女に義足で走ることに対する知識が何もなかったことと、自分もタレントという仕事の中で体験した悔しさやもどかしさが、普通の少女よりも深く理解できていたことで、自然にできた言葉かけだったのです。

実は、相手の気持ちに共感し、相手の心の中を整理して代弁してあげるこの話し方が、子どもとの会話にも大切な極意なのです。このタレントは、無意識にそれを体現して見せてくれたのでした。

I（私）メッセージで気持ちを伝える

これまで述べた子どもの言い分を繰り返し言い返してゆく方法が、時には通用しないことがあります。四、五歳になって少し言葉の理解が進み、問題が込み入ってきたときです。その場合には、「I（私）メッセージ」の方法が有効です。

子どもの言うことを聞いてあげるというと、親は我慢して子どもの言いなりになるように感じると思いますが、決してそうではなく、子どもの領分は、子ども自身に考えさせることが良いのです。そして、親も言いたいことがある時は、親自身の気持ちを伝えるようにすると良いでしょう。

子どもがおもちゃを出したまま片付けない。幼稚園ではしているようなのに、家では広げるだけ広げて片付けない。「片付けたくないの？」と子どもの気持ちを聞いてみても、一向に片付けるという実行に移れない。ついには我慢できずに怒ってしまうのですが、どうしたら良いでしょうか、という相談が来たことがあります。

そんなときは、がまんしないで、**素直に親の気持ちを伝えること**です。

「ママは、夕飯近くなってもおもちゃが出しっ放しなのは気持ち悪い。もうじきパパも帰ってくるので、リビングを気持ちよく片付けてパパを迎えたいの」など、散らかっている状態を嫌だと伝えることが大切です。

この時、子どもをなじったり脅迫したりせずに、母の気持ちだけを素直に伝えるのです。はじめは、母の気持ちを理解して行動するまでの結果はすぐには出ないこともあります。そんな時は、一緒に片付けるなど、片付けやすい工夫をすることで、次第に「ママはこういうことが嫌いなんだ」「こうしてほしいんだ」など、親を理解できるようになります。

幼稚園で片付けるのは、このような言葉がけによって子どもが気づいていく方法を実行しているからなのです。

むやみに「～しなさい」とか「～しないのは、いけない」と強要するのではなく、「元あったところはどこかな？　教えて」とか「友達がまた使えるように元のところに置きたいの。一緒にやってね」と親の気持ちを伝え、教具を子どもの手に持たせると、「片付けなさい」と言うよりも自然に棚に戻せます。

Ｉ（私）メッセージの出し方を、親も練習しておくと良いでしょう。

待ってるよ。自分で歩いてね。

子どもがどうしても言うことを聞かないとき、有効な方法があります。少し先で待つことです。

ある夏、小学校低学年の子どもとスキーゲレンデで草スキーを楽しみました。すると、宿に帰る際に、遊び疲れてもう歩けないとぐずっている子どもがいました。

はじめは「がんばろう、もうすぐだ。おやつが待ってる」などと励ましていましたが「もう歩けない」と座り込んで、一歩も動こうとしません。ゲレンデは、スキーとは違い、歩いて登り降りするには結構疲れます。

いくら説得してもらちがあかないので説得をやめ、「疲れたのね。わかった。先にゆっくり行っているから、休んだら後からついてきてね」と言って先に歩き出し、見えなくならないように、要所、要所で振り返りながら、「おいでー、待ってるよ」を繰り返し叫びながら行くと、結局最後まで一人で歩ききることができ、本人も「できた！」と自信をもったようです。

そばについて、なんとか歩くようなだめたり頑張るように言うよりも、先に歩いて、「こっちだよ。ついておいで」と声をかけて待っていたほうが、自分で最後まで歩ききることができます。

まず「疲れたのね」と子どもの言い分を聞くこと、その気持ちを共感することが大切ですが、時には**あれこれ言わず黙って先に行き、「待っているよ」と示す**ことが有効な時があります。決して「置いていきますよ」という脅し言葉ではありません。

子どもが手に取ったものを取り上げない

「子供の家」では、二歳の子どもができそうなおもちゃを、二歳児が手に取れる高さで置いてあります。

初めて「子供の家」に見学に来たある二歳の子どもは、室内に入室するや否や、目に見えるものに次々と手を出してゆきます。先生が「それがしたいのね」と認めて、使い方やそれに必要な用具を差し出そうとすると、持っていたものをさっと投げ出して別の場所に行きます。何度も同じように何かに関心を示し、手に取り、先生が近寄るとすぐに手に持っていたものを投げ出して別の場所に行き、さらに別のものにという状態でした。

そこで、お母さんに「お家で危ないものに手を出すと、いつも『だめ』とそれを無理やり取り上げていませんか?」と聞くと、「そうです」という返事でした。

「子供の家」では、ハサミや縫い針など、危なそうな教材も子どもが手に取ってできるように準備されていて、子どもが興味を見せた時に、その使い方やどのようにすると危なくないかなどを一緒に教えつつ、それらの扱いに慣れていくようにしています。

危ないからといって、すぐにさっと取り上げてしまうと、「何かしたい」という子どもの気持ちはどこにも行き場がなくなります。そうすると、次々に目に留まるものに手を出して、大人が近寄ると手を離してそれを投げ出してしまうようになるのです。

さらにそれを繰り返して行くと、次々に目的を達成されないまま、宙ブラリンで室内を徘徊していることになり、行動に問題が出てきてしまいます。

子どもが手に取るのは関心を示したからなので、たとえ危ないものを手に取った時も、あわてず騒がず、静かににこやかに近づき、そっと手を出して「ちょうだい」とか、机などの場所を示して「ここに置いてね」とそれを置く場所を示すなどをすると、素直にそれを母親の手に渡したり、机に置くことができます。

「よくできたね」とほめてあげながら、そっと元の場所に戻しておくとよいでしょう。

すぐに取り上げないで、子どもが手に取った物を「置く」「手渡す」「入れる」などの行為で完結させることが大切です。

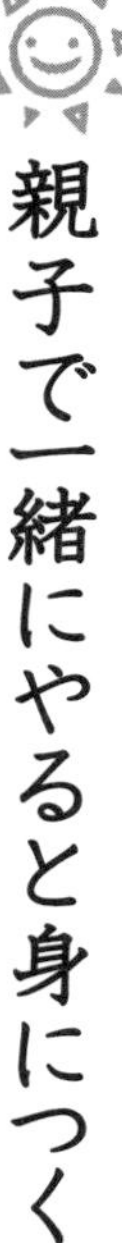

親子で一緒にやると身につく

食卓の準備や洗濯などいろいろな活動を理解してもらう時、言葉で「こうするのよ、わかった？」と教えても、大半のことは身につきません。**一つひとつ順を追ってゆっくり手順をやって見せ、そのつど子どもにやってもらう**のが、覚える良い方法です。

「子供の家」では、年中児になると夏には合宿に行きます。

リュックに二、三日分の衣服や洗面用具などを持って、現地では出したりしまったりを全部自分でしなければなりません。そこで、準備のしかたを図解して知らせ、あらかじめ家で子どもと一緒にリュック詰めをするように親に伝えておきます。

現地に到着し、先生が「リュックのポケットから、大きいタオルと小さいタオルを出してください」と言うと、Eさんはすぐに取り出し、「次には着替えの袋を出すんでしょ？」と言いながら用意しています。

一方で、F君は同じ言葉を聞いても、タオル一つ出すのにリュックの中をひっかきまわして、せっかくしまってあるものがめちゃめちゃになっています。そうなってからいろいろな物を取り出すのは、とても難しくなります。

その違いはどうして起こるのでしょう。

Eさんの場合は、合宿の準備の段階で先生からの注意を親が良く聞いていて、子どもと一緒に一週間前から用具をリュックに詰め、出したりしまったりしていたので、子どもが身体で場所を覚えていたのです。

リュックがぐちゃぐちゃになってしまったF君の場合は、「二週間ぐらい前から子どもと一緒にリュックに詰めるように」という園からの助言を聞かずに、親が全てをリュックに詰めてから出発間際に「いい、わかった？　タオルはここ、リュックのポケットね。はがきはこのポケット。洗面用具はここに入っているわよ。わかった？」と事細かに場所を教えています。

子どもは「うん、わかった」と言いますが、決して身に入っていません。ましてや親が伝えた後復唱させて、「わかった」の確認もしないことが多いのです。

現地では、先生が手伝ってなんとか事無きを得て楽しく過ごせましたが、せっかく自立して自分の身の回りのことをできるチャンスが生かされないことになってしまいました。

一方、自分の用具をしっかりできていたEさんは、合宿の後も家族で旅行する時にも自分の持ち物は自分でリュックに詰めて行動でき、ひと夏ですっかり逞しくなっていました。

合宿後の報告会でも「実家に帰省する時も自分でリュックに必要な用具を詰めて、一人で着替えなどできました。たった一回の合宿で、このように自立できるのを実感しました」と報告がありました。

このように、言葉で教えて「わかった？」とさとすより、親子で実際に手を動かして行うと、身体で覚え、うまく身につけることができます。

「これなあに」に言葉で教えないでやってみせる

ある日、ロウソクに目を留めた子どもが、何度も何度も「これなあに」とロウソクに手を出して質問しています。

「これはお食事の時に火をつけてお祈りする大事なものなのよ」と数回説明して、「勝手に触ると危ないから触らないでね」と念を押しましたが　それでもあきらめず、同じように「これなあに」を繰り返しているうちにロウソクに手を伸ばしました。何度説明しても手を出すので、教師は説明するのをやめ、「待っててね。今、一緒にやってみましょう」と「ロウソクの点滅」の活動をやってみせることにしました。

机にロウソクの点滅に必要な用具を一つひとつ並べ、「これはロウソク、これはロウソク消し、これはマッチ、これはマッチを捨てる入れ物」などと言いながら並べて、静かに子どもの目に留まる速さで、ゆっくりとマッチをつけ、ロウソクに火を灯しました。手を合わせ、食事のときのように「いつも良い子にしてくれてありがとうございます」と先生と子どもとともに言って、ロウソク消しを持って火を消し、元の棚にすべての用具を戻し

ロウソクの点滅

ました。

その子はそれですっかり安心したような顔つきで、二度と勝手にロウソクに手を出したり「これなあに」と質問することはなくなりました。

いくら言葉で説明しても、理解できないうちは自分の気持ちが納得するまで、あきらめず手を出します。**このとき、危ないからといって取り上げてしまわないで、どう扱うものなのかを子どもにやってみせると、**「そうか」と理解でき、「わかった」と納得してくれるのだとわかりました。

子どものいたずらの裏にある気持ちに気づく

三歳児のA君は、サンドペーパーで描かれた砂文字板が置いてあるコーナーに来ては、その砂文字を床にポイポイと落としています。七五枚ある板を床に散らばしているのです。

先生は、びっくりしてそばに行き、「お兄さんたちが使う大事なものだから、床に投げてはいけないよ。ここに並べておこうね」と説得しています。

実際、三歳児は文字の教材にあまり関心がなく、他の活動に向かうことが多いのですが、その子は、数日間同じ行動をして砂文字を床にばらまき、先生方もどうしたらやめるようになるか、なるべく傷つけないような助言をして理解してもらおうと苦心していました。

数日間同じ行動が続き、年長の子どもたちも「先生A君がまたやってる」とみんなで落ちた砂文字を拾っている時でした。

「あ、か、け…」という小さな声がA君の口から発せられています。

それで、「はっ」と気がつきました。

良く耳をそばだてて聴いていると、その砂文字板の中からいくつかの文字を拾って読んでいます。「あ、か、け、」の音は、実はA君の名前の中の文字だったのです。

七五枚の砂文字板が揃えられている状態で自分の名前の文字を探すのはできなくて、床に落として広く散らばった状態の中から文字を探していたのでした。

すぐに砂文字の中から「あかおけいた」という文字を拾い出し、一枚ずつなぞっては読み方を教え、子どもにも一緒になぞってもらいながら文字の読みを教えました。その間はいたずらなどせず、先生のやることをしっかり見て、なぞったり文字の読みを繰り返しました。じっくり一緒に活動した後は、すがすがしい笑顔で、床に散らばっていた砂文字板を先生や年長の子どもたちと協力して全部棚に戻しました。

そして、二度と床に砂文字を落とす行為はなくなりました。

もう一つの例をあげてみます。

「子供の家」では、五月の子どもの日が近づくと、弓矢、太刀と一緒に兜飾りを棚に飾ります。ところがある年、四月に入園したばかりの二歳の男の子が、飾ってある場所に行くと兜を手で払いのけ、床に落としてしまいます。男の子の大事なお飾りだからと諭しながら、兜を元に戻すことを数日繰り返していました。

そんなある日、同じように兜をひっくり返すと、先生が止める間もなく、兜を載せてある鹿革の敷き物を引きはがして引きずってゆきました。そして床にその鹿革を敷き、寝ころんで「気持ちいい。気持ちいい」と言いながら、頬をすり寄せています。

いたずらな男の子が乱暴に兜を引き倒しているとばかり考えていたのですが、実はすべすべした鹿革を触りたくて上に載っている兜を払いのけていたのだと気がつき、一緒に鹿革を触りながら、「気持ちいいね。気持ちいいね」と共感していると、一分ほど楽しんだ後、むっくりと起き上がりました。「もうおしまい?」と聞くとコックリと首を縦にふるので、転がっていた台と鹿革を一緒に元に戻し、兜をその上に載せました。そして、何事もなかったようにいい顔をして、好きな活動を始めました。

その日以来、一切兜を落とすことはありません。厳しく注意しなくて良かったと思いました。また一瞬出遅れたために、子どものつもりに気づけたことに感謝した出来事でした。

子どものいたずらと思える行為には、何か訴える意味があるようです。

すぐにやめさせようとするのではなく、ちょっと寄り添うことで、子どものやりたい気持ちに気づくことができます。

やり方の手順をシンプルに分析してみせる

ある母親が園の運動会の手伝いに参加し、リレー練習を見ている時でした。

「五歳の年長児でもリーダーの子は、自分の組の子ども（三歳〜六歳）にチームのたすきを渡したり、終わったらたすきを集めたりができるんですね。先生たちもあまりガミガミ怒鳴らなくても自主的にやっているんですね」と感心して言いました。

「毎週の体操の時間に少しずつ練習し、一種目二回ぐらいやれば、子どももどう動くかわかって自主的に動きますよ」と話すと、「小学生の兄の運動会や授業参観に行くと、とても騒がしく、先生はいつも大きい声で指示を出し、静かにするように怒鳴っているんです。それに疲れてしまう。あんなに怒鳴らないと子どもは動けないのか、大変だと思っていたのですが、この年長児たちのほうが、小学生のお兄さんよりよっぽどどうすべきかわかって行動している。しかも先生は大きな声で、怒鳴ったり注意したり、指示を出していないのはどうしてですか?」と不思議そうでした。

子どもがこのようにできるには、何を教えているのでしょうか。

先生たちは、子どもがどのようにすればわかりやすいかを考え、はじめに順序よく、子どもにわかりやすい言葉を選んで、手順を踏んで説明します。

これは**「動きの分析」**と言って、どうすればよいかの動きを分析して示してあげることが大切なのです。

たすきのリングのとりはずし方、たすきの渡し方、たすきの集め方、リングの止め方、集めたものをどこに置くかなどを、手順よくわかりやすくやって見せると、毎回それを繰り返すうちに、自分でできるようになります。

途中でわからなくなった子や間違えた時には、すぐに手で合図を送ると気がついて直しますし、色が違うとか、入れる場所に入っていない（空である）などは、見ればわかって間違いに気づくように置き場所に目印をつけたりして、気づく工夫をしています。

子どもが一人でできるように、前もって活動の動きを分析して、ゆっくり提示して見せ、子どもにも実際にやってもらうようにすると、子ども自身が自分で動けるようになるのです。

選択肢を絞って選ばせる

ある日のこと、近所のパン屋さんに親子連れがやってきました。母親は子どもに聞いています。

「何のパンがいい？」

小学校低学年ぐらいの女の子はパンを見渡した後、チョコパンを指差して、「これがいい」と答えました。

「ええ？　それは歯に悪いよ。他のにしましょう」と、別のパンを選ぶように促します。

女の子は「それじゃ、これにする」と、別のパンを選んで指さしました。

母親はそれにも反対です。このようなやりとりが二、三回続き、母親もイライラしてきました。「早くしなさい。どれがいいの？」とせっついています。

子どもは、何度か自分の好きなパンを言ったのに母親に認められなくて、もう好きなパンは思いつかなくなっていて、あるいは嫌気がさしていて、はっきりしません。

「もういつまで迷っているの。選べないならこれでいいでしょ」と、あまり子どもが好きそうもないパンを選んでレジに行きました。

子どもは「それじゃいやだ」とぐずっています。半分ひっぱたくような様子で、ぐずる子どもを引きずるようにしてパン屋を出て行きました。

このような光景は、食堂でメニューを選ぶ時や、中華かイタリアンかそば屋かなどの店を選ぶ時にもよく見られる光景です。

最初は「どれがいい？」と子どもの気持ちを聞いているようですが、結局は母親の思うものを選べばOKで、違うと次々に理由をつけて反対するのです。

かと言って、はじめから親が決めつけてしまうのもいけないと思って「何がいい？」と提案したのでしょう。これでは選ぼうとしている子どもがかわいそうです。また、何を選べば母親に「いいよ」と言ってもらえるか、顔色を見ることになってしまいます。こんなときにはどうしたらよいでしょうか。

はじめは、親のほうでいくつか選択肢を絞り、親も良いと思うものと子どもの好きそうなもので、親が妥協できそうなものの二、三の選択肢の中から「これとこれのどちらがいいか」と聞くようにすると円満にいきます。

全体の中から丸投げして、「どれにするか」と聞くのは範囲が広すぎ、親にとって望ましくないものを選び、かなえられない可能性もあるのですから、親が「この中なら、どれを選んでも良い」と思うものを限定して、それから選ばせてゆくと良いと思います。

この**選択肢の範囲は、年齢が上がって、何を選ぶべきかの判断ができるようになるに従って、広げてあげる**ことが大切です。

「子供の家」でも、二歳から自分のやりたいことを自分で選んでいますが、子どもの年齢や興味、今の子どもの状態などを考慮して用意します。もちろん、場合によっては、今の環境の中では集中して楽しむ教材がないと判断すると、子どもを観察して、その子に合う教材を用意することはありますが、長い経験の中から選んで準備してある教材なので、たいていは特別に変更しなくても、どの子も満足して楽しく学ぶことができるようになっています。

このようにして自分で選んだ子どもは、「自分で決めた」と自覚するので、選んだことは最後まで、「できた」と思えるまでやりとげることができます。

たぶんあのパン屋で見た親子も、二、三の選択肢の中で選ぶことができていたら、円満な笑顔で会話していただろうと思います。

二歳の小さい子でもはっきり自分で選ぶ力があるので、見くびらないようにしましょう。そういう体験を繰り返すうちに、大人になっても自己選択をはっきりできる人間になり、人生の大切な自己形成の土台を創ることになるのです。

親の行動を意味がわからないまま見て学ぶ

ある二歳の女の子。いつも公園で一緒に遊ぶかわいい子で、友達とも仲良く遊び、明るく子どもらしい女の子でした。遊んだ後はいつも気持ちがよく、幸せな気持ちになる女の子です。

ところが、その子に弟が生まれて数週間後に公園で一緒になったときには、アリを見つけると血相を変えて険しい顔つきになり、足で踏み潰すのです。今までは一緒にアリの行列を眺めて楽しんでいたのに、どうした変わりようかしら、何か大きなストレスを感じているのかしらと心配になり、その子の母親に事実を伝えました。

すると「あら、それはきっと私の行動を見ていたんだわ」と母親は言いました。赤ちゃんにお乳を飲ませ、布団に寝かせていると、お乳の匂いを嗅ぎつけて、庭からアリが室内に入り込み、赤ちゃんの口元にも上るので、アリを見つけると片っぱしからつぶしていたというのです。知らぬ間に子どもはそれを見て、アリは敵と考えて、あの虫も殺さぬかわいい女の子が、鬼みたいになって踏みつけることを自然に学んでしまっていたのです。

そして、頭ごなしにその行為を叱っても、子どもは母のまねをして良いことをしたと思っているので、理解できません。叱られて子どもの心は傷つくだけでしょう。

このように、子どもが何か悪い行為をしても、たいていは、まわりの大人が無意識にやっていることをまねているのです。子どもは大人のすることを見て、意味はわからないままに学んでいます。叱る前に、親のほうが自分の行為を振り返り、よくわかるように説明して、**やった行為は善意からであることを褒めてあげながら、その行為の意味を伝えてあげること**が大切でしょう。でも多くの親は子どもの行為だけを叱るので、子どもがなぜそれをしたかに気づくことは少ないのではないでしょうか。このようなことを繰り返すと、子どもはなぜ叱られたのか意味がわからず、大人の理不尽さに不信感を覚えてしまうでしょう。

一度出したダメ出しは譲らない

母親からこんな質問が来ました。

「公園に遊びに行くと、帰る時間になってもなかなか帰らなくて手こずるので、なんとか言い聞かせる方法はありませんか?」

「デパートに買い物に行くと、おもちゃ売り場でなかなか帰らない。挙句の果てには、これを買ったら帰るとか言い出して、買わずにすませることができない。何か約束したらちゃんと守るようにできないでしょうか?」

大人が守ってもらいたいルールと、子どもの主張が食い違う時はどうするか。いくつか例を見てみましょう。

「子供の家」でも、入園したての三歳児の中にはそのような子どもがいます。

公園に行く前には、必ずトイレに行ってから外出する約束になっています。近所の公園にトイレが設置されていない時の約束です。登園から二時間ほど経っているので、途中でトイレに行きたくなった時に対処できないからです入園したてのKくんは、「行かない」と言い張り、なかなか行きません。その間に他の子がトイレをすませ、いよいよ外に出る時、K君もそのまま一緒に外に出ようとすることがありました。そこで、「トイレに行ったら外に行きますよ」と繰り返し、一人だけ残しました。

トイレのすんだ子は、先生と玄関でさっさと靴を履き換え、外に出て行きます。みんないなくなり、一人になると、先生も「みんな外に行っちゃったね」などの言葉がけをしますが、泣いてしまっても「やだやだ」と言い張っても、「トイレに行ったら行きますよ」と言って、行くまで黙って待ちます。この時、決して「トイレに行かないと連れて行きません」とか、「トイレに行かないと怒るよ」など脅したり、辱めたりする言葉をかけてはいけません。静かに、ただ待ちます。

すると、登園から二時間以上経っているので、行きたくなってきてトイレに入り、みんなより二〇分ぐらい遅れて公園に急ぎました。

その時に、「早くトイレに行けば良かったね」など、前向きの言葉で、トイレに行かないと外には行かないというルールに気づかせるよう助言してゆきます。

以後は、同じことがあっても、もう我を張って泣くことはありません。一回きりで終わります。

一方、M君は、公園から園に戻る時「帰らない」と言い張っています。もうお昼の時間が迫っていて、先生はみんなを集合させて帰る準備をしていますが、M君は砂場で遊んでいます。先頭の先生は、先に他の子を連れて園に帰ります。最後の列を見ている先生が「まだ遊んでいたいの？　でもみんな園に戻ってお弁当だから行きますよ」と声をかけ、手招きをしています。曲がり角で子どもが見えなくなる時には、残って角で待ちます。

M君は公園に誰もいなくなるので、少しずつ公園を後にして列に戻ってきます。角まで来ると、先生が「行こう」と誘いますが、黙って動きません。他の子はもう見えなくなっています。先生も先に進み、角から子どもの顔が見えなくなるところでまた待っています。見えなくなると、すごすごと先生が待機している角までやってきます。このようにして繰り返しているうちに、子どもの気持ちも納まって、最後には先生と手をつないで帰ってゆきました。

約束は約束ということをあまりくどくど言い含めたりせず、**黙って約束事を伝えてジックリ待つ**のです。

小さい子どもですから、このようにしてゆくと一度の抵抗の後は聞き分けてくれます。

しかし、親のほうがあいまいだと、子どもは聞き分けることができないことがあります。

ある日、レストランで一緒に食事をする何組かの親子連れがいました。もうすぐ食べ終わりそうで、なごりおしそうな家族たちの話が聞こえてきます。

すると、一人の子どもが、「Aちゃんのうちに遊びに行きたい」と言い出しました。はじめ母親は、「もういっぱい一緒に遊んだでしょう。夕方はみんな忙しいからだめです」と子どもの申し出に反対の意見でした。しかし、子どももしたたかで、なかなか引き下がりません。

「ちょっとだけだから」「すぐ帰るから」とせがんでいます。

そのうち根負けしたお母さんは「じゃあ、おばちゃんに聞いてみて良いって言ったら」と、子どもの押しに負けて相手の母親にイエスかノーの判断をゆだねてしまいました。

結局、断れなくなった相手の母親は、「少しだけなら」と条件をつけて、子どもの言いなりになったのです。

少しだけならと言いつつ長居して、挙句の果ては帰る時にまたごねられて、何かを買ってあげる約束をして帰るなどということも想像に難くありません。

子どもの要求に「ノー」を出す時には、親の側もよく考え、言ったことに責任を持って

「ノー」と言うことが大事です。

子どもは、そのような大人の曖昧さをしっかり嗅ぎ取って、あの手この手で自分の主張を伝えてきます。たいてい親子だけであれば叱ってすますでしょう。しかし、叱ってやめさせるのは、どんどん叱り方をこわくしていかないと通用しなくなります。叱ることでは、子どもは学べません。

先ほどの先生のように、子どもの主張は主張で言わせてあげて、でも守るべきルールを伝えて、わかるまで待つことが大切です。

数回そのように行うと、子どものほうも「この要求は通るか通らないか」と考え、「通らない」ことは受け入れてゆくものです。

ウインウインの関係を学ぶ

五歳のOくんは、神経衰弱のようなゲームが好きです。よく記憶してカードを見つけることができるのです。相手をみつけてはしていますが、強いので負けることは滅多にありません。

今日は「O君とやるのは嫌だ」と言って、やってくれる子がいません。誰も自分と一緒にやってくれないので、「先生、誰も一緒にやってくれない」と寂しそうです。O君は、決して意地悪だったり威張って友達をけなしたりする子どもではありませんが、その理由はすぐにわかりました。

それで、五歳の子にその助言が伝わるかどうかわかりませんでしたが、一応伝えてみることにしました。

「O君、あなたは友達と一緒にこのゲームをしたいのね？」

「うん」

「このゲームをするとおもしろい？」

「うん」

「どうして？」

「だって僕のほうがすぐにカードが見つけられて、いっぱい取れて勝つから」ということでした。

「ふーん、勝つと嬉しいんだね」

「うん」

「お友達はどうかしら。このゲームをあなたとすると必ず負けてしまうでしょう。あなたはとても強いから」

「うん」

「友達はあなたとしたいと思うかしら。いつも負けてしまうからつまらないと思うんじゃない？　もし友達と一緒に楽しみたいなら、友達も取れて楽しいと思わないと一緒にはしたくないと思うよ」

「うーん」

「友達も取れて楽しいと思うためには、友だちがわからなくてカードを探している時にこの辺じゃないかなってありそうな場所を教えてあげてもいいんじゃないかな。もし友達が嫌がらなければ」

「うん…」と考えていました。

そのようにわざと相手に取らせる方法がいいのかどうか、O君の判断に任せることにしました。

次の日、O君は、さっそくP君を誘ってやっていましたが、昨日の助言の意味がわかったようで、相手の子が取れるように助言しながら、相手も気持ちよくカードを探し、自分も友達とカードをする楽しみを満喫できたのです。もちろん、あくまでも友達にカードを見つけやすくしたくなければその助言は無視しても良いのですが、友達と良い関係を作りたければ、このように**ウインウインの関係を作り、一緒に遊ぶ楽しみを大切にする**ことも大事です。

たった五歳の子どもでもこのことがわかるということに、私自身びっくりしましたが、小さくても人の心を理解することがこんなにもできるのだと感心したのです。

ひとりでできるようになるちょっとした工夫

子どもは一人ひとりの中に自分という教師がいて、自分で成長したい、知りたいという欲求によって成長するものです。これは自然の摂理による発達の力です。

子育てはごく自然にと願うなら、その秘訣は、**子どもが自ら成長したいという欲求に従って活動し、満足する生活ができるように、環境の不備を見抜き、準備してあげることです。**

環境の中には、子どもをマイナスの状態に引き戻すようなものもあるのですから、環境を見抜く眼は親や教師など、大人の大切な役割になります。野放しというわけにはいきません。その中で、自分らしく成長するために環境と関わっていくのが子ども自身なのです。

ある三歳の女の子。とても気持ちがデリケートで傷つきやすい面を持っています。ある日、身体をもぞもぞくねらせて、明らかにトイレに行きたい様子なので、「トイレに行きましょうか」と誘うと「いや。ちがう。行かない」と意地を張ります。今まではそのようなことはあまりなかったのですが、ちょうど弟が生まれて数カ月たち、心配した退行現象もなく、弟の誕生を受け入れたかに見えた矢先のことでした。いくら誘っても「嫌」の一点張り。トイレの失敗が重なって、ご家庭で厳しく叱られているのではないかと感じ、そのまま無理強いせずに成り行きを見守り、とうとう降園することになりました。母親に引き渡して少したった時、「わぁ、いや、いや」と大泣きする声がして、その子と母親が教室に入ってきました。案の定、お漏らしをしてしまったようでした。

子どもに対する母親の対応を見て、明らかにトイレの失敗によって母親に嫌われるのではないかという恐怖心で子どもが取り乱していると察しましたので、すぐに母親に助言しました。トイレの失敗を恐れているので、決して失敗を叱らないこと。そして、子どもの手の届く所にパンツの着替えと汚れ物を入れるバケツを用意し、失敗しても誰にもとがめられずに一人で取り換えられるようにすることなど、自分で失敗を正すような環境を準備してあげるようにアドバイスしました。

それを直ぐに実行してわずか一週間もしないうちに、「あのね、トイレにちょっと行ってくるね」と自分から進んで行けるようになりました。ほんのわずかな配慮が、子どもの心を安定させて、自分で良い習慣を身につけられるように変わったのでした。

またある時、コートのボタンがなかなか掛けられずに十数分もかかっている三歳の女の子がいました。「手伝いましょうか」と手を出すと、「自分でしたい」と小さい指先でボタンを穴に掛け終わるまで頑張っています。入園当初は次々に棚の教具を出しては片付けず、ちょこまかと落ち着きなく動いたり触ったりしていたやんちゃな三歳児が、一〜二カ月のうちに、自分のことは自分で気のすむまでやり通すことができるようになっていたのです。それは、まだよく動かない三歳の子どもの手でも扱えて、ちょっと頑張るとボタン掛けが成功できそうなコートを選んであげた親の配慮があったからだと思います。

これらの例のように、子どもが扱う道具や備品を、できるだけ自分でできるように工夫し、考えてあげることが、子どもが自分で育っていく上で大切な環境づくりとなります。

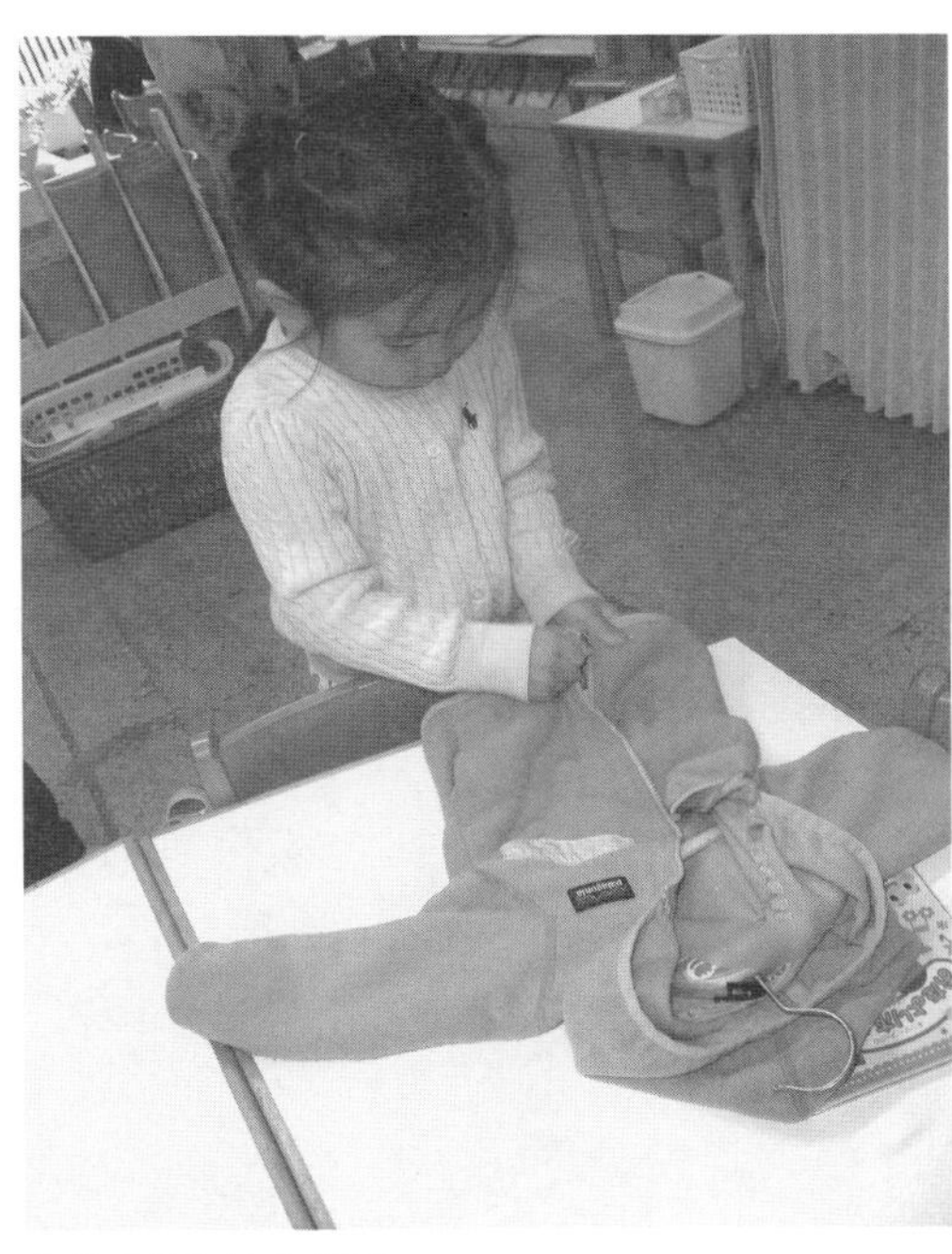

自分のことは自分で

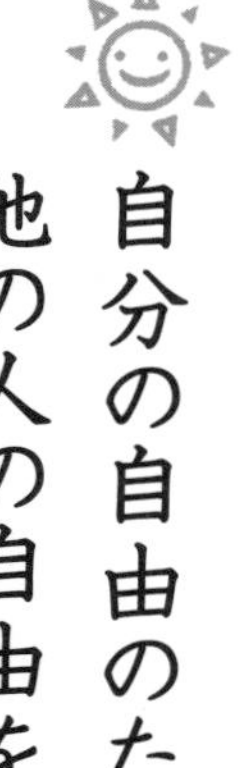

自分の自由のために、他の人の自由を守ることを教える

「子供の家」では、子どもが朝の身仕度を整えた後は、自分のやりたい教材を見つけ、自分で取り出して、一人または数人でいろいろ工夫しながら活動します。ですから、同じ机の上でも、縫い物をしている子どももいれば、生き物を観察して絵に描いたり、工作をしている子どももいます。大きい年齢の子どもたちは、自分の仕事をしているそばにいる小さい子どもに適当に教えたり手伝ったりしながら、自分の仕事を進めています。子どもの一日の活動は、知的な活動も生活の活動も、その関心と理解能力によって子ども自身が選んだものを中心に進められ、教師は一人ひとりの発達を見ながら、必要な指導を随時しています。

三歳ぐらいの子どもが自由に好きなことをやって、クラスが混乱しないのかといぶかる方が大勢いますが、どの子も**自分のペースを守られている**のですから、不安感や強制による反抗心もなく、できないところだけを手伝ってもらいながら、自然に自立できるようになっていきます。

その中で大切にされているルールがあります。それは、**自分が自由に気持ち良く充実して過ごすことと同じように、友達も同じ権利を持っていること。互いに自分の自由を守ると同時に、他の人の自由も保障する**ということです。そのことを教師または年長の子どもたちが、毎日の生活の中で繰り返し根気よく示していくことを大切にしています。三歳までは一つひとつの行動を通して、四歳すぎからは感覚と動きを通して、六歳近くなったら言葉を使ってというように、子どもの思考の発達の特徴を踏まえて、その時期の子どもに理解されやすい方法で伝えています。

三歳の子どもは自分のしたい教具を次々に出してきますが、元の場所に片付けるということができません。しかし、戻すという行動を、子どもの目に留まるくらいにゆっくりした動作で示してあげると、たいていは一回でわかります。いつも同じ場所に教具があると、自然に場所の記憶ができて、自分のしたい時に探し出せることがわかってきますから、元に戻すことの大切さもわかるのです。

また、自分のしたいことをしている最中に、花瓶を倒してしまったりしたときはどうでしょうか。教師は、「いいよ。いいよ。あなたのしたいことをしてなさい。私がやってあげるから」と言って手伝うでしょうか。

答えは「ノー」です。すぐにぞうきんを持ってきて濡れたところを拭き、花瓶に水を入れて元の通りに後始末することを教え示していきます。もちろん、失敗を叱ったり大げさに騒ぎ立てず、ごく当たり前に助言します。「しまった」と子どもは思っているはずですから、それ以上の言葉は必要ないのです。どうしたらよいかの手立てを教えていくだけでいいのです。そうすることで、子どもは自分のしたいことは中断しなければならないけれど、そのままにすれば他の子の作品も水浸しになり、また花も水なしでは枯れてしまうということを理解してゆきます。

また、自分から選んだけれど、他に面白そうなことが見つかったのでそっちをしたいということになったらどうでしょうか。

教師は、始める前にそれがその子の力でできることかどうかを見ていますから、それが一人では無理なときは、助けながら完成のところまで一緒にやってから次の活動に進ませます。

でも、その子どもができることであれば、自分で選んだことに対して、最後まで頑張るように助言していきます。いいかげんで終わると、次回からその子の選んだことに信用がなくなるからです。ちょっとした怠惰な気持ちでしたりやめたりすることが、自分という人格の形成にマイナスなのだということがわかってきて、自分の選んだ仕事に責任を持ってくるはずです。

こうして、自由とは、自分のしたいことをすることと同時に、他の人のすることを尊重することを学び、また、自分の選んだことは自分の信頼をかけて仕上げていく責任感が生まれていきます。子どもはこの時期、身体と心と知性と一緒に意思力をも育てていくのです。そのためには、自由に自己を表現することを保障してあげる環境が大切です。

家庭でも**子どもが選んだことを尊重し、それを子ども自身が自覚して受け入れる**ようにしましょう。

例えば、外食をして子と親それぞれ別の料理を注文したとします。子どもの選んだ料理よりも親の選んだ料理が早く出てきた時、ある子は母親の注文した料理がいいと駄々をこね、交換してもらっています。別の子は、早く食べたい気持ちをおさえ、自分の注文したものが来るまで待っています。

こんなささやかなことがらでも、子どもの選択を台無しにしてしまう親と、かわいそうだけれど子どもの選択を尊重する親の違いがあります。

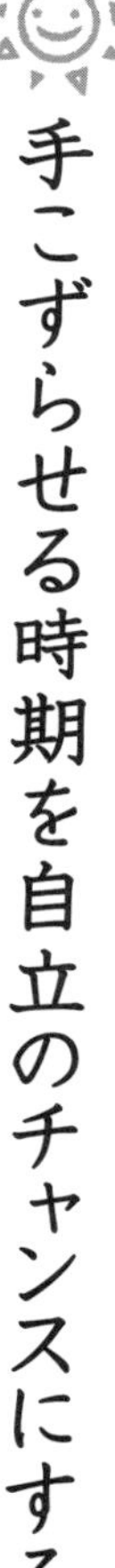

手こずらせる時期を自立のチャンスにする

四、五歳児を連れて高尾山にハイキングに行き、途中でサル山に寄ったときのことです。少しのっそりとした図体の大きいサルがいて、他のサルがいなくなってから私たちの前にやってきて、係の方からエサをもらっていました。

そのサル山には五一匹のサルがいて、はっきりとした序列があり、そののっそりしたサルは五一番目のサルだということでした。身体は他のサルより大きめで、さほど力が弱いようには見えず、額の部分は少しはげていて年齢も幼いわけではなさそうですが、五一番目というレッテルがつくのはどうしてなのでしょうか。

係の方が教えてくれました。サルの赤ん坊は生後二～三週間の間、母親にしがみついてお腹の下にぶら下がっていて、いつも母親と一緒に移動します。少したつと、今度は母親の背中に這いつくばっておんぶするような格好で移動します。母親が止まると、するすると背中からおりてきて、近くにある木の実などのエサを自分で取って食べ始めます。母親はその間、他のサル同士で毛づくろいをしたりしています。他のサル親子と一緒にいると、自然に子ザル同士は喧嘩をしたり、エサの取りっこをしたりして遊び始め、次第に親から離れ、仲間との集団生活に順応していくそうです。

ところが、その五一番目のサルの母親は、子ザルかわいさに、いつまでも自分のそばから離そうとしなかったそうです。髪の毛が薄いと思ったのは、あまりに大きくなるまで懐に抱き、子ザルが頭を母の身体にこすりつけていた結果だそうです。

つまり、その母親が子ザルの自立を妨げ、常に保護される状態で育ててしまったということでした。その結果、身体は大きくても精神の自立のできていないサルは、仲間と争ったり、状況を判断して自分を主張したり譲ったり、掟にしたがったりする行動を学ばず、それ故、仲間と対等に生活できずに、常に何かあると逃げ込んでしまったり、ルールがわからないので相手にされず、五一番目の地位に甘んじなければならないのだそうです。人間の子育てとどこか似ていると興味深く聞きました。

もちろん、動物のサルと人間とでは、まったく同じ育ち方をするわけではありません。でも、自立を妨げることによって、一人前として認めるに足る責任感や、人のために犠牲になっても助けたり引っ張っていったりする意思力、仲間社会でのルールを知ってそれを受け入れる力を育てられなくなってしまう、という点では同じと言えるでしょう。

子どもの自立を助けるには、子育てのどこに気をつけたらよいでしょう。

二歳半前後で母親を手こずらせるようになりますが、実は**この手こずらせることが子どもの自立心が出てきた兆し**なのです。まず子ども自身が毎日使う道具や場所を、子どもが自分で身につけたり出し入れしたりできるもの（場所）であるかどうか、次のようなことに注意して、持ち物をよく吟味してみましょう。

○パンツやズボン

↓　上げ下げしやすいように、ウエストのゴムが柔らかいものにする。

○洋服の袖口がボタン留めのもの

↓　ゆったりめのゴムに直す。

○靴

↓　動きやすく、チャックやボタンで留められるもので、かかとに引っ張るつまみのあるものにする。

○おもちゃや本、はさみ、クレヨンなど

↓　子どもの発達に合った本やおもちゃを選んで揃えておく。おもちゃ箱に何もかも放りこむのではなく、居間にある大人の本箱の下の部分に子ども用の棚を設け、おもちゃを引き出しやトレイで分類できるようにディスプレイする。

○コートやかばん
↓ボタンは開閉しやすいように、平らで大きいものにつけ替える。

自立心の芽生えといっても、二歳半ではまだ十分に自分の意思通りに手が動きませんから、自分でやると主張をしても、とても時間がかかります。たいていは大人の生活タイムと合わないものです。しかし、「早く…」とせき立てたり、やってあげてしまうということのないように、じっくり待ってあげてください。

子どもに自分でさせている親は、よく子どもの能力を知っていますから、**無理のないものを用意してあげる**ことができます。そして、それにより子どもは**自分でやればやるほど、ますますできる力**も育ってきます。

子どもに自分でさせていないと、何ができ、何ができないのか親のほうでわかっていないので、やりにくいものを身につけていて時間もかかり、ついには「できない…」と人に頼ることになります。そのうちに、次第に自分でやらないことの便利さに子どものほうが慣れ、食べることも着ることも親掛かりとなり、二歳半から始まる自立の敏感期を失ってしまいます。敏感期を過ぎてからでは、何事も自分ですることが身につくには、親子双方にとって相当の苦労を要します。

あることに特別に注意が集中し、行動することで自然に身についていく時期があります。この自立の敏感期は自我が芽生える二歳～三歳頃まであり、「自分でしたい」という要求が特別に強くなる時期です。

その時期、自分でする行動をたくさん繰り返し体験することで、無理せず教え込んだり訓練しなくても自分のことは自分ですることを身につけてゆきます。

スマホを子どもとの間に入れない

携帯電話の急速な普及で、どのご家庭もスマホを使ってコミュニケーションをとっています。けれども、スマートフォンを使うと母親の意識はスマホに没入してしまいます。

二歳児の子どもたちと、公園に親子ハイキングに行った帰りのことです。

数人の子どもたちは、「せんせーい」と寄って来て、なごり惜しくおしゃべりしたり運動用具を運ぶ手伝いをしながら出口まで歩いて行きました。

少し前にPちゃん親子が歩いています。

「Pちゃん、一緒に行こう」と声をかけてもそっけない様子。母親を見ると、スマホ画面を見て誰かと通信しています。近づいた様子に気づかず、隣に来て声をかけると、これまたそっけなく軽く会釈をして、まだスマホ画面に意識は集中しています。

他の子たちは先生と離れがたく、一緒に歩いているのですが、Pちゃんは「ねえ、ママ」とねだったり甘えたりせず、無言で母の隣をただ出口に向かって歩いていました。

「お先に」と声をかけ、「Pちゃん、出口まで一緒に行く?」と声をかけても、返事のないまま別れたのでした。一緒に歩いていた他の子どもたちは、先生に荷物を返して「バイバイ」と元気に別れたのですが、どうにもPちゃんの様子が気になります。

園までの帰り道、いつも接している先生と話し合いました。

園の中でPちゃんは活動はしっかり行うし、集合して歌や手遊びもちゃんと参加し、何も問題になることはないが、最近笑顔が少ないことを感じる。また、母親からも第二子が生まれて、急に家庭でも笑顔が少なくなったこと、また、弟を叩いたりつねったりするのでどうしたら良いか、と相談されているとのことでした。

それらは、確かに第二子が生まれた後に見せる兆候ではありますが、公園の様子は少しそれだけではないような気がしました。

二学期の終わりの母親との懇談会で、この問題に触れてみました。

ある母親は「はっとしました。自分もメールをしていると没我になり、子どもといるのに上の空になることがある。気をつけます」ということでした。

料理中に子どもに声をかけられても忙しくていい加減な返事をして、子どもに怒られるなどはよくあることですが、それとはまた少し違うように思います。携帯電話でメールしている時の母親は、「ねえ聞いてるの? ママ、あのね」と子どもに口を挟ませる雰囲気もないようなのです。ずっとそのような状態でいると、子どもも、「ママがメールしている時は何も言わない」と思ってしまうのではないでしょうか。子どもが、母との一体感を持てなくなっているのではないかと危惧します。

携帯やスマホでメールをするのは、子どもと本を読んでいる時にも起こります。食事中に会話をしている時にも起こります。

親子で、話や本の物語の中に入って会話したり、浸って睦まじく過ごしている時にも、いったんメールが入ると「ちょっと待ってね」と会話はぶち切れてしまいます。そんな時の子どもの気持ちはどんな心理状態でしょうか。

一緒に食事をしながら話している時、子どもの心が無防備に母親との関係に浸っている時に、メールが入って中断する時の子どもの気持ちはどうでしょうか。

他人と会っている時は、「失礼。メールが入ったので、いいですか？」など、今までの会話を中断することにお断りをして、メールに答えます。それでも、大事な会議や話し合いの時には、携帯を切るのが常識だと相手は思うのではないでしょうか。

では、子どもといる時はどうでしょうか。携帯を切って、子どもといる時間を邪魔されないように配慮している母親は、どれくらいいるのでしょうか。

このような親子関係を続けていたら、相手を信じるとか、相手の言うことに心を傾けるという行為そのものも無くなってゆくのではないのでしょうか。最近の子どもの犯罪などを聞くと、親子の希薄な人間関係が要因なのではないかと感じることがあります。

携帯やスマホを今さらやめるのは無理でしょう。せめて、**ルールを作り、子どもとの関係に入り込まない工夫を考えましょう。**

また、どうしてもメールに答えなければならないときは、子どもに「ちょっとごめんね。メールが入ったので、見るね」。また、終わったら「お待ちどうさま」ぐらいのエチケットをもって、携帯電話というツールを使うようにしてほしいものです。

強い体はハイハイから生まれる

子どもは見る見るうちに、体も知能も心も成長していきます。

誕生してからの成長過程は、生物の進化のプロセスと似ているようです。大体〇歳から六歳の間で数百万年の生命の進化の過程を過ごしているといわれています。子どもの成長にとって重要で決定的な影響を持っているこの時期、生物の進化の過程をそれぞれ十分に生きることが大切です。

例えば、アゲハチョウが幼虫の時期は、「蝶」になるための羽の動かし方や飛び方を練習したり、蝶のしぐさを真似することではなく、幼虫として精一杯葉っぱを食べて、栄養を蓄えることに費やします。それにより、さなぎの時期に何週間も食べずにいても生命を維持し、やがて立派な蝶となって飛び立つことができるのです。それと同様に、人間の子どもも、大人になるために大人の処世術や価値観を早く覚えるのではなく、**子ども時代を子どもらしく十分に生き、その中で学び蓄えていく**ことが大切なのです。それが大人になる栄養源なのだと思います。

それでは、子どもが子どもらしく生きて学ぶもの、その大切なものは何でしょうか。水、砂、土、泥の体験、そして、草や木に肌で触れることや、身近な小動物との触れ合いなどもその一つですが、ここでは子どもの体づくりということで考えてみましょう。

昔は「石を背負わせろ」といって、早く立たせないことが普通でしたが、最近はハイハイしない赤ちゃんが多くなったといわれています。生活様式の変化でハイハイをする広い空間がなく、すぐに何かにつかまって立てるようになってしまったことも原因ですが、もう一つは、早く立つことがいいことだというような、早期教育の誤った考えがお母さんたちを焦らせ、立てよ、歩けよ、早く、早くとハイハイの機会をなくしてしまっていることにあるようです。

人間は立って歩く動物ですが、進化の歴史からみると、立つ以前の歩き方、つまり、手と足を全部開いて交互に動かし、足は親指でキックする両生類の歩き方を十分にする時期が必要です。つかまり立ちでなく、床から自分の力でバランスをとって立ち上がり、立って生活するためには、進化の過程に沿って**ハイハイを十分にすることで、背筋力、腹筋力がつき、それが立って歩くときの基礎体力になり、また重い頭を支える首や肩の筋肉もつけることになります。**子どもが這いずり回れる廊下や低めの段々など、じっくりハイハイしたり、よじ登ったりできる空間を家の中や庭に作ってあげてください。

バギーをやめ、歩くことで脳は育つ

バギーは、重い荷物を持って遠くへ買い物に行く時などはとても助かります。子どもがまだよちよち歩きでは、どこに行くにも子どものペースで歩いていては、とても時間が足りなくなってしまいます。ですから歩くことがまだ十分できない幼児のときは、目的の公園までバギーで連れて行き、早く目的地に着いてそこでバギーを降り、沢山遊べるのは良いことです。

「子供の家」では、二月、三月生まれの二歳児は、四月当初バギーに乗って登園していますが、五月の遠足、六月のハイキングのときにはバギーは使いません。バギーはもう使用しなくなります。歩くようにすると、今まで無理と思っていたのに意外と歩くことを喜び、次第にしっかり歩けるようになることを実感するようです。

ところが、公園や電車の中で、三歳すぎてもバギーに乗せられている子どもを見かけることがあります。バギーで移動するのに慣れてしまうと、歩かせようという気持ちにならないようです。子どもも、一歳ぐらいの歩きたい時にはバギーをいやがってむずかっていたのに、楽チンを覚えてしまうと、今度は歩くのを嫌がるようになります。

人間は猿から進化した生物です。直立し、立って歩くことで手を使い、指を使い、脳を進化させて人間になったのです。

ですから、歩くことは人間に育つために大切な運動で、**人間としての筋肉を育て、神経を活性化し、緻密な脳を持つ「人」になるために**必要な運動なのです。

近くの丘のハイキングに年長や小学生を連れて行くことがあります。アップダウンの多い山道です。時々リスも見かけて、都会から一時間ほどで満喫できるハイキングコースです。その山道で、三、四歳児ぐらいのお子さんを連れて同じコースを歩いている親子づれにときどき会います。小さいのにえらいなと感心しますが、子どもは背丈も低いので、急な山道や坂が大人のようには怖くないようです。年長児たちも走るように登ってゆきます。とても身軽で、大人より疲れないようです。

毎日わずかな距離もバギーに乗せて連れている親と、山道を一時間ぐらい一緒に登らせている親と、どちらが子どものためになっているでしょうか。どちらが子どもは楽しいでしょうか。どちらが子どもを育てていることになるのでしょうか。答えは明白です。

スムーズな母子分離、幼稚園デビューは親の安心から

初めて幼稚園や保育園に行く子どもが、親から離れて園で楽しく過ごせるかどうかは、誰もが不安に思うことではないでしょうか。

「子供の家」では、二歳になりたての子どもでも、たいてい最初の日から母子分離ができます。先生が優しいことや、あまり子どもに誘いかけず介入せずそっと見守り、子どもに寄り添うモンテッソーリのケアの仕方がそうさせると思っていました。しかし、それだけではないようです。

実は、「子供の家」では、あらかじめ都合の良い日に来園してもらいます。母親だけの説明だけでなく、たいていの場合母子同伴です。

母親と園長の私が教育内容などの説明をしているそばで、小さな子どもたちは、教材で楽しく遊んでいます。母親と離れて活動できる子は、他の教師が近くの机で一緒に教材を紹介しています。

母親もときどきその様子を笑顔で眺めていたり園の方針に活発に質問したりと、約一時

間、園長と母親がにこやかに話しているこの環境が、デリケートに環境を感じ取る小さな子どもには大事な時間だったのだと気づかされるきっかけがありました。

それは、馬の調教師の方に聞いた仔馬の調教のお話です。

仔馬は、すぐに母離れして一人前に調教師について調教されるのかと考えていましたが、違いました。母馬べったりで、知らない人が来て調教しようとしても言うことは聞かないし、母馬のそばを離れようとしません。このような時のために、大切な方法があるのだそうです。

無理に調教したり、鞭などでおどすのではなく、調教師がしばらく母馬と一緒に話したりなでたり、馬に乗って母馬と良いコンタクトを取るのです。

そばでべったりくっついている仔馬がそれを見て、母馬と親しげに接する様子に、仔馬も親馬が安心して接している人なので気持ちが落ち着き、信頼してゆく。そうしてから、次第に母親と離して個室の馬小屋に移動させて個人調教に入るということでした。あんなに小さい頃から自立しているように見える馬でも、母子分離はとてもデリケートなことなのです。

考えてみると、「子供の家」の初めての説明会の日に、何気なく行っていた母親との話し合いの席で、**母が親しげに信頼して話している先生だから、そのそばで過ごすことが安**

心であり、いつの間にか子どもも信頼感を持ってくれていたのかもしれません。

子どもを初めてプール教室に行かせる時、初めてピアノ教室に行かせる時も、元気活発だからすぐにその教室に慣れて母子分離できるのではなく、その前に、母親がそこでどのように接し、笑顔で話し込み、教室を信頼しているかを、子どもはしっかり嗅ぎ取っているのです。

また、母親がご近所の母親同志で親しく接することは、子ども自身の公園デビューにも大切な環境です。母親や父親の友人たちとの交流も、そこでの親同士の信頼感や、安心感が子どもにも自然に伝わり、いろいろな所に安心して一人立ちできるようになり、母子分離、家分離できるのです。親も、子どもを持つことで人とのコミュニケーションの場を広げてゆくチャンスにもなります。

第一子、第二子、ひとりっ子の育て方

親の育て方と子どもの性格形成

子どもの誕生後は、両親や周囲の大人の育て方が子どもの性格形成に大きく影響します。可愛いあまり「子どもの言いなり」になって育てればどうなるか。実力がないのにお山の大将になって、無責任で気にくわないと乱暴になったり、周囲に気を配ったりできず、不注意でわがままな人間に育ちます。自分ばかりの思いに強くこだわり、周りの人の気持ちや物の大切さに気づかないで育ち、自分勝手な人間になってしまいます。

また、子どもの行動について諭し、注意しなければいけないときに、熱が出たとか疲れているとか、何かの理由で許してしまい、「甘やかし」て育てるとどうなるでしょうか。なんでも好き勝手にやって、都合が悪くなると自分を正当化する理由を見つけて非を認めず、反省しない一人よがりの子になり、都合の悪いことは他の人のせいにして、反抗的な性格になってしまいます。

また可愛いがるあまり、まるでペットのように「かまい過ぎれ」ば、いつもかまってもらいたい、幼稚で依存的な性格に育ちます。ちやほやされていないと気持ちが落ち着かない、孤独にたえることができない性格になってしまいます。

また、親が過度に期待し、良い子にしたいと「強く親のエゴを出し過ぎる」と、素直で社会性があるけれど、実は自発性が欠如していたり、素直の度を超えて親に服従的になったりし、自立した大人にならないことがあります。

もちろん、子どもを拒否したり無視したり「育児放棄（ネグレクト）」や「虐待」などをして育てれば、子どもの将来に重大な負の性格を負わせてしまうこともあるでしょう。

どのような育て方が良いのでしょうか。

それは、親は子どもを「保護する」ものとして、**子ども自身が成長するのを援助する、見守り支える存在になる**と良いのです。

子どもの気持ちを尊重し、保護しながらも、人として必要なしつけをしながら生活の自立を助け、失敗したり、いけない行動をした時には子どもの気持ちを共感して理解してあげながらも、どのような行いが良いのか、親の考えを示してあげると良いのです。

子どもは本来自分のやりたいことをしたいと強く思っています。それを実現するためには簡単ではなく、努力しないと思うようにできないし、努力することは楽なことではないことを知って、自分自身の希望と努力してできることの折り合いをつけながら学んでゆくものです。過度に頑張らせず、また過度に甘やかさず、子どもを支える気持ちで保護者として接してゆくとよいでしょう。

子どもは自分自身で答えをみつけて実践してゆきます。成功は喜びになり、失敗は次への反省になります。

自分を信じ、精神が安定していつも機嫌よく、自分の気持ちをどこでも表現でき、人にも優しく、喜んで手伝おうとするように親切であり、何かをする時には自分のできる力を精一杯出して行動し、よく考えて行動するはつらつとして元気な、子どもらしい子どもに育つと思います。

ひとりっ子を育てるとき

ひとりっ子の親御さんに対するアドバイスとして言うことがあります。それは、五歳くらいになったら子どもばかりを大切に接するのではなく、**自分の妹や弟のような気持ち**で、家事を一緒に分担させて何かの仕事を任せたり、一緒にするような環境を作りましょう、ということです。

子どもだ子どもだと思っていると大事にし過ぎて、叱らなくてはいけない時やすべきことに気づかない時に手を緩めてしまいがちです。分担させることで、約束を守るとか、自分のことだけでなく、家庭の中での自分の役割に責任を持って行動することの大切さに気づくことになるはずです。

いくつか例を出してみましょう。例えば食事です。

人間の基本欲である食事は、子どもに与えるというよりも、一緒に用意すると考えるとよいでしょう。自分で用意しないとごはんが出てこない状況を作るのです。

夕方になったら夕飯の用意に入りますが、「何を食べたいか」を一緒に考えます。ハンバー

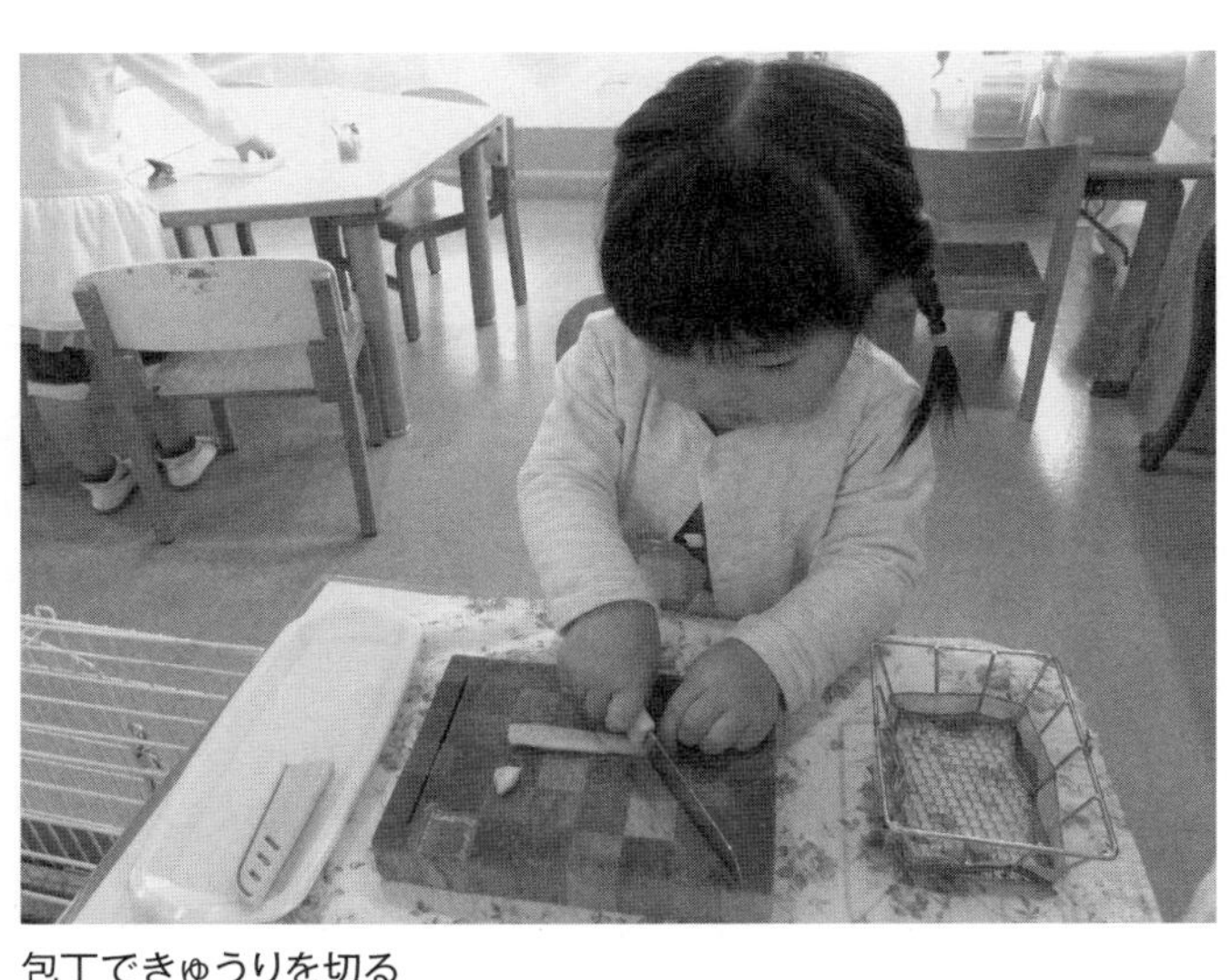

包丁できゅうりを切る

グであれば、どんな材料が必要かを一緒に考えます。

肉や野菜、調味料などを選び出し、冷蔵庫などを点検して足りない食材を書き出し、買いに行きます。この時、子どもにメモを書いてもらい、それを持ってスーパーに行きます。

スーパーでは生鮮食品、野菜、調味料やルーの置いてあるコーナーが決まっています。それを子どもが考えて探せるように助言しましょう。

荷物は必ず子どもにも持ってもらい、分担します。

家に帰ったら、ひと休みの後は早速下準備です。五歳にもなると包丁も上手に使えます。混ぜる、つめる、巻く、形作るなどは子どももできるはずですから、手順を整えて任せます。

少しぐらい形が悪くても良いので、危なくないように用具や場所を整えて任せます。

火を使うなどの危ないところは親が手伝いながらも、完成すると子どもは「自分でできた」とおいしく食べることでしょう。また、できるまで時間がかかり、やっとできることで食事のありがたさを実感します。

買い物や料理のひとこまひとこまで、子どもの「できた」に一声かけて、喜びを共感してあげましょう。どのようなことが人を喜ばすのかに気づけるでしょう。

その他にも、洗濯をする、干す、取り込む、たたむなどでも良いです。買物のレシートをチェックして家計簿につける。冷蔵庫の中の残った材料をチェックするなどもノートにつけると、いろいろな物の管理なども自分から考えるようになるはずです。

このように生活を分担して一緒に整えて行くと、子どもだと思ってなんでも親がやってしまうよりもずっとしっかりとしてきます。また、いろいろなことが簡単にできないことを知り、人や物に感謝する気持ちが生まれてきます。

共に考えたり指示を出して行動することも次第にうまくなり、年下の子どもに対しても優しく教えるだけでなく、ときにはいけないことをした時には諭すこともできるようになるでしょう。

小動物を飼う

ひとりっ子の場合、ウサギや犬、猫など小動物を飼うこともよいと思います。

時には犬や猫のしつけのために母親が犬をきつく注意し、しつける場面を見せたり、叱っても時には愛情を持って接する様子を身近に体験し、自分も責任を持って飼育の分担をする状況をつくることが良いでしょう。

親が優しいだけでなく、時に厳しい様子でしつけているのを見ることで、ただ優しいだけでは済まないことを体験でき、自分も年下の子どもに対して時にはしっかり助言することに躊躇しなくなります。

園でも、毎日二歳の子どもが包丁でにんじんを切って、ウサギにえさをあげています。

ウサギは春には神経質になり、飼育籠を開けて餌の皿を取り出すだけで、暴れたり引っ掻いたりすることがありますが、「そっと優しく籠を開けようね。音がしないようにそっと餌を入れようね」と言うと、二歳児でもあきらめずに何とかウサギをなだめて餌やりに成功しています。

カメの水換えや水槽の掃除は子どもたちが毎日行います。カメの甲羅の苔とりの掃除も子どもの活動です。その他、春におたまじゃくしをみつけて園に持ってくると、水換えや餌やり、成長の観察日記などは子どもたちが行います。

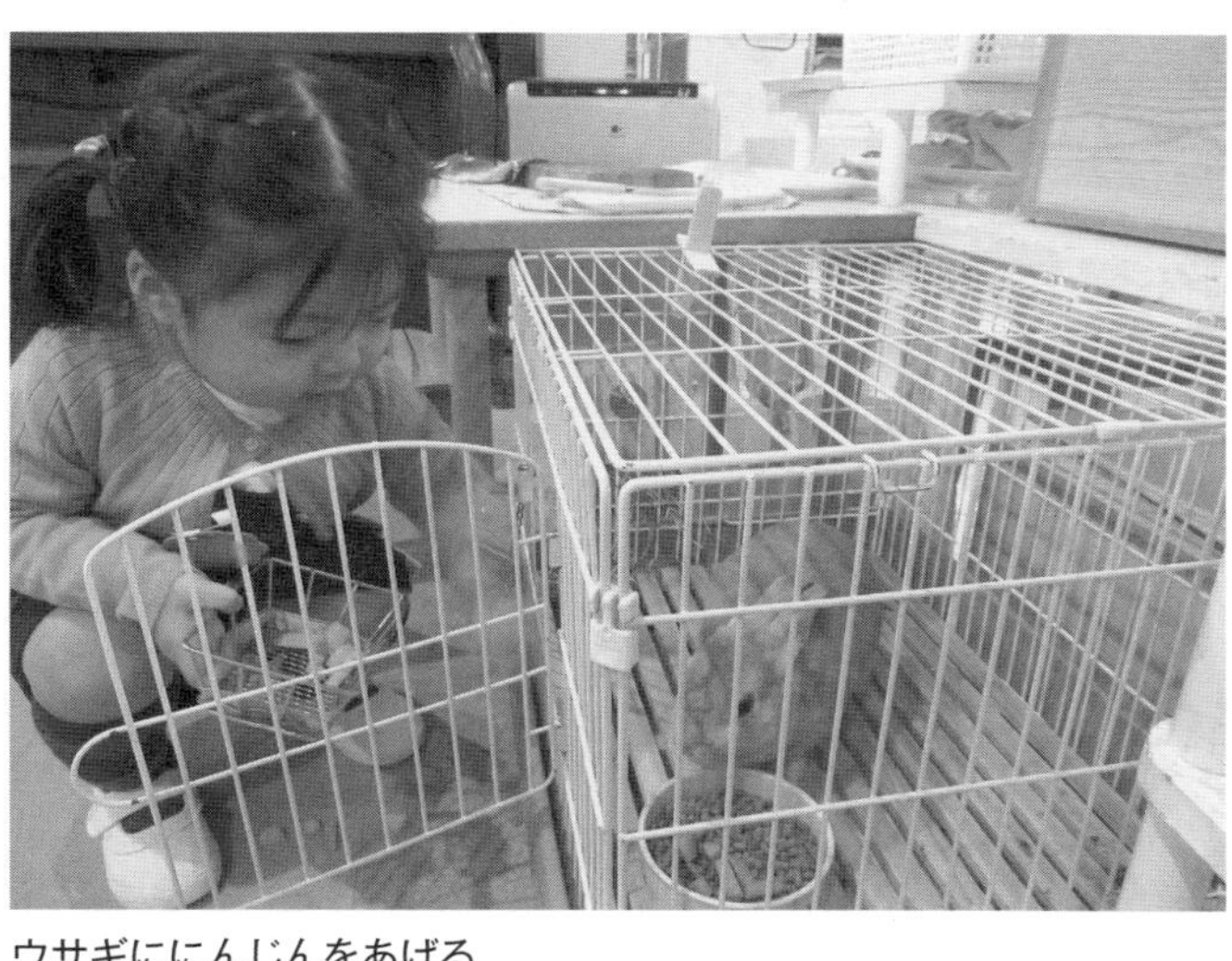
ウサギににんじんをあげる

机の上の小さな花瓶には花が生けてありますが、子どもたちは水を取り変えて花の水切りをして、生けかえています。自分のことだけでなく、一緒にいる動物や植物も同じクラスの構成員として、できる世話を喜んでしてゆきます。

家庭で子どもが常に親から世話をされる立場だけではなく、**自分が世話をする立場になる**体験をすることで、良い子になるだけでなく、他者に気を配り、思慮深い子どもに育つことになるでしょう。

第二子が生まれる時

第二子が生まれる時、第一子は、ママのおなかをさすったり、耳をおなかに当てたりして、赤ちゃんができることを、父、母と同じ気持ちで心待ちにしています。ところが、いざ誕生すると、微妙な態度を示し始めます。俗に言う赤ちゃん返りです。急に駄々をこねはじめたり、自分もママのおっぱいを飲みたいと言い出したり、陰で赤ちゃんをつねったり、いじわるしたり。保護者会などで、どのように第一子に接したら良いかと相談されることがよくあります。

第二子が生まれることは、第一子にとっては今までと環境が激変する大事件です。母親にとっては胎内で一〇か月も育て、その間赤ちゃん用品を揃えたりして環境をつくり、十分準備してあるので、誕生後もすぐに気持ちを切り替えて、その状況を受け入れて対応できます。

それに対して第一子の子どもは、ママのおなかが大きくなったぐらいのことはわかっても、自分がどのような立場になり、どう振る舞ったらよいか全く見当もつかず、赤ちゃんが来ることだけを楽しみにしているのです。

ところが、赤ちゃんが家に来たとたんに、騒いでは「静かにしなさい」と叱られ、ママに本を読んで欲しいとねだっても、「ちょっと待っててね」と後回しにされます。待っていてもママは次の用事で忙しく、その言葉を忘れてゆっくり遊んでくれません。その上、赤ちゃんは常にママに抱かれ、ママのおっぱいを飲み、「いい子、いい子」と優しい声であやされています。

自分は、ずっとママを待っているのに目も合いません。そんな時、第一子はどんな行動をするのかというと、決まってやってはいけないことをわざとします。

ママが赤ちゃんを抱いて座っているソファの上で飛んでみたり、ボールを赤ちゃんのほうに投げてみたりなどなど。その結果、ママの厳しい声が飛んで来て、「さっきから静かにしなさいと言ってるでしょ。やめなさい。お兄さんでしょう」。そんな言葉を言われても少しもやめず、かえってもっと暴れたりして、最後にはお尻を叩かれたり、隣の部屋に連れていかれて、ドアをぴしゃりと閉められたりします。どうしてそのようなことになるのでしょうか。子どもの身になって見てみましょう。

第一子がわざとママの嫌がることや、気に障ることをするには、わけがあるのです。

「私はここにいて、ママを待っているよ」のサインなのです。「静かにいい子にしていたらママは僕に気づかず、ずっと赤ちゃんを見ているでしょう。ママに声をかけてもらいたい。ママにかまってもらいたい」という気持ちをことばで言えないので、わざとママを怒らせるようなことをして、自分に注意を向けさせたいのです。

ママに叱られても、無視されているよりはずっとましなのです。

今まで父、母からずっと大事にされてきた自分に目が注がれなくなることの不安は、子ども心にもずっしり重い疎外感を味わわせていることなのです。

そう考えると、子どもが赤ちゃん返りをした時には、注意したり叱ったりするよりも「傍においで、一緒にハグしよう」「一緒に赤ちゃんの手を握ってあげようね」などと声をかけ、**ママと赤ちゃんの睦み合いの中に、第一子をとりこんで、**「ママとあなたで赤ちゃんを見守っている」ことを肌で伝えると良いでしょう。

おむつを持ってきてもらったり、哺乳瓶を一緒に持っていてもらったり、赤ちゃんに関することを一緒に手伝ってもらうと喜んでやってくれるでしょう。「私（僕）たちの所にきた赤ちゃん」と認識するでしょう。無駄ないたずらはめっきり減るはずです。第一子を怒ったり怒鳴ったりすることも、ずっと減ることでしょう。

第二子が生まれて三週間は第一子中心に心を注ぎましょう

第二子が生まれてからしばらく、約二〜三週間は今まで第一子に接していた時のように、第一子との時間をしっかり持ちましょう。

赤ちゃんが泣いてもすぐに対応しないで、第一子と本を読んでいたら、そのまましばらく本を読み続けていましょう。すぐに本読みをやめて、「待っててね」と赤ちゃんの所に行ってしまうと、気持ちがぷつんと切れてしまいます。

しばらくそのまま本を読み続けていると、赤ちゃんがさらに泣いて、第一子は気になりだします。「赤ちゃん泣いているよ」と母親に伝えるようになります。

「大丈夫。もう少し本読んでいても大丈夫よ」としばらく泣かせておいてもいいのです。第二子ははじめから第二子として産まれてくるので、第一子のようにあれこれゆきとどいた世話をされなくても、そういうものとして受け入れられます。

きりが良いところで、「赤ちゃん我慢できないようなので、本読むのを少し待っていてね」

と声をかけると、今まで赤ちゃんの泣いているのに気がついて心配していたので、「いいよ」と了解してくれます。子どもは、誰かが泣いていると気になるものです。

第一子は、今まで誰にも邪魔されずにしっかり父母に相手をされて育ってきていますので、急に「お兄さんだから」と母と子の関係を赤ちゃんによって遮断されることに慣れていないのです。赤ちゃん優先にことが進められると、「ママは僕が嫌いなのだ。ママは僕が大事ではないのだ」と思ってしまいがちです。

こんな子どもの心理を考え、**赤ちゃんが泣いてもすぐに第一子との今の関係を切らない**ことが大事です。しばらく第一子を第一で過ごすと、次第に赤ちゃんのいることとの生活の変化を受け入れられるようになって来るので、赤ちゃん返りの時期もスムーズに過ぎることができます。三週間ほどでその状況を受け入れられるようになり、それほど第一子に心を合わせなくても、お兄さん、お姉さんとしての立場を受け入れ、それに誇りを持つようになってきます。

過去、現在、未来の時制の理解が、第二子受け入れの目安

お兄さんになること、お姉さんになることが受け入れられるには、子どもの会話をよく聞いてみて、時の概念がしっかりわかっているかどうかを見てみましょう。

「今度僕は○○に行くよ」と未来形がわかって会話しているのかどうかです。「今度○○に行ったよ」とか「明日、○○と遊んだよね」とか、過去の時間と未来の時制が混同している時は、まだお兄さんになるという未来の自分の姿をつかめていないのです。

また今は赤ちゃんがママに抱っこされておっぱいを飲んでいるが、自分も赤ちゃんの時はおっぱいを飲んでいたというように、過去の自分と現在の自分、お兄さんになる未来の自分を想像できるようになると、第二子を受け入れる準備ができたことになります。

時間の概念を混同して話している時には、いくら「お兄さんでしょう」と叱っても、子どもには伝わらないで、赤ちゃん返りの行動を起こすのです。会話の中で、時間の概念が正しく使われているかどうか、子どもの話によく耳を傾けてみましょう。

第二子の気持ちを理解する

第二子の入園面接で、たいてい母親は「先生、この子は頑固で大変です。手を焼かせると思いますが、よろしくお願いします」と言って、第二子の頑固さに手を焼いていることがあります。もちろん「大丈夫です」と受け入れてきますが、第二子はどうして頑固だと思われているのでしょうか。

第二子誕生の時、まず三週間は第一子に心をかけてと言いましたが、そのことで、第二子は泣いてもすぐに母親が対応してくれないので、お乳がすぐに飲めないなど体験します。ですから本当に飲みたい時は、しっかり泣いて主張することを学びます。

強く要求しなくてもすぐにお乳が与えられていた第一子とは、少し環境が違います。ややハングリー精神が旺盛です。一度こうと決めて求めたら、譲らないところがあるようです。

しかし、日頃は常に第一子の行動に沿って幼稚園の送り迎え、習い事につきあったりして、第二子がそれにつきあわされているのが現状です。

そんな第二子が「これが欲しい」、「これが食べたい」などと食い下がって譲らない時があります。それもちょっとやそっとでは親の説得を聞き入れない時があります。その時たいてい、「ちょっと待っててね」とか「他のにしたら」とか、もうひと我慢させようとします。親はその時初めて第二子が主張したことに気づかず、いつものように対応します。しかし、第二子はずっと上の子のお伴でつきあってきて、これは譲れないとなった時、つまり我慢の限界になって初めて、「あれが食べたい、こうして欲しい」などと口に出して主張するのです。もうそれ以上は、我慢できなくなっているので、絶対に聞き分けないのです。

そのような第二子の気持ちに気づかず、「ちょっと待っててね」とか「他のにしたら」と説得しようとすると、親に刃向かったりふてくされたり、そっくり返って反抗的になり、手もつけられないというような行動を取ってしまうのです。

第二子が主張した時は、ずっと我慢してつきあってくれていたことを振り返り、第二子の気持ちをくんで、これが今日初めての主張だと気づいたら、その時はすぐに耳を傾けてじっくりその主張を聞いてあげ、その子が何をしたいのか、何を求めているのか、それは、わがままなのか、もっともなことなのかを冷静に見極めて判断してあげることが大切です。その要求を聞き入れてあげるか否かは時と場合により判断して良いのですが、**第二子が主張した時はもう我慢の飽和状態に来ていると考え、聞く姿勢を持ち、今まで我慢してつきあってくれていたことに「ありがとうね」と言葉をかけて、じっくり話を聞くことが過度に頑固にならない秘訣のように思います。

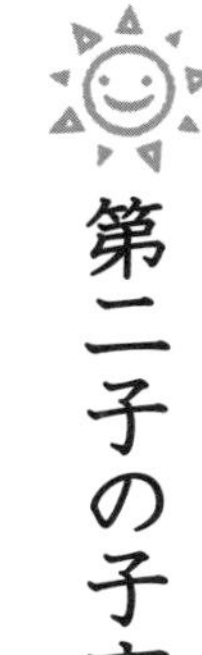

第二子の子育ての落とし穴

第二子は上の子と親との会話や、行動をよく観察しています。どんな時に親が怒るか、どのようにすれば怒られないで、するりと場を交わせるかを学んでいますので、「要領がいい」と思われてもいます。ですから、普段はさほど親が手を焼くことはないはずです。先ほどのようにたまに主張を強く言い始めた時に、注意して気持ちを聞いてあげれば、たいていはあまり怒られることなく、手がかからないと思われています。しかし、そこに落とし穴があります。

第二子は、第一子の行動を見て学んでいるので、良きにつけ悪しきにつけ、上の子の関心や興味、その隙間をぬって行動することが多くなります。親も兄弟に話をする時も上の子を見て、「手を洗いなさい」とか「食事をしなさい」とか言い、それを聞いた上の子が行動すると、下の子は上の子について一緒に行動します。親が下の子に向かってゆっくり眼を合わせて話しかけたり、質問したりすることが少ないのです。

そのため、話をよく聞くことや言葉を聞いて行動することが少なく、上の子の行動の後をついて行けば何も不自由なことがないので、**自分の耳で聞いて行動することが弱くなりがちです。**聞いて判断することの体験が少なくなりがちです。

ある男の子が年中になり、兄が卒園して自分だけがクラスで先生の話を解釈して行動しなければならなくなった時、さまざまなことで聞き間違いがあり、場所や物の名称をはっきり把握していないことに気づきました。

例えば、粘土遊びで粘土をこねる時「袖をまくってね」という先生の言葉を聞いても袖をまくらずに粘土に手を伸ばすので、大きい声で「袖をまくって、袖よ」と言われて初めて、「はっ」として「袖、袖」と言いながら机の下を見たり、そばにあるものをひっくり返してみたりしたことがありました。袖をまくるという意味がつかめていなかったようでした。先生は丁寧に言葉を添え、「袖をまくる、袖をまくる」と言いつつ、動作で示したのでその子は理解できましたが、普段の生活では何も支障がないので、親はそのことを園の先生から聞いても理解していないようでした。

ところがある日、園から自宅までの帰り道にあるさまざまな事物の名称をなぞなぞのようにして聞いたところ、道にある草木の名前、ベンチやじょうろ、花壇、横断歩道などといった、普通の名称が全く出てこないことに気づいたようでした。「馬鹿なんでしょうか」とか「耳が悪いのでしょうか」と心配する母親に、園の生活上、他の活動で「発達に遅れがあることや、耳が聞こえにくいなどのことはない」ことを告げ、環境によることを強く母親に告げました。下の子の目を見て話しかけること、できるだけ買い物などで、野菜や果物などの名称をしっかり伝えて、それを選んでくるようにさせるなどの助言をして、改善してゆきました。

このように、普段何事もないように過ごしていますが、気づかないうちに下の子に何も話しかけていなかったとか、「(下の子の) 好きな色は何色ですか?」とか、「何に一番興味がありますか?」などを質問すると答えられない親がいて、あまり第二子の行動を見ていなかったことに気づくことがあります。そして、いざという時、頑固に言い張るのに遭遇して、「頑固で大変です」と告げてくることがあるのです。

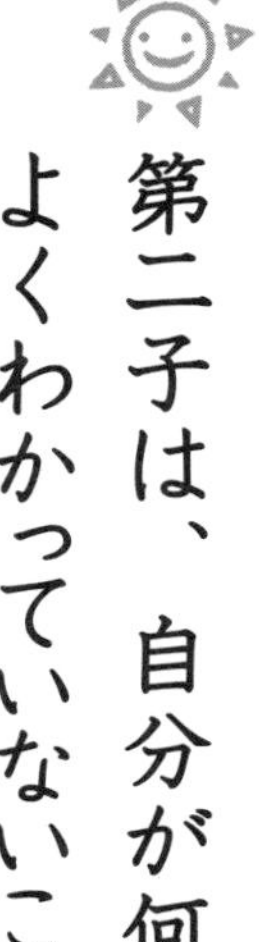

第二子は、自分が何をしたいのかよくわかっていないことがある

ある年中の女の子です。三月春に上の兄が卒園して、年中として過ごすことになった四月の初めのことです。急に保育室に入れなくなり、玄関で泣いています。

年少だった時はどちらかというと要領もよく、行動もはっきりしていて、園で行う活動の内容も良くできると評価されるような、しっかり者の年少の一人でした。先生も年中になることに何も心配しておらず、楽しく過ごせるものと思っていたのでした。

ところが、新学期が始まると、他の初めての年少児と同じように玄関で先生を待ち、何とか世話をされて入室することが続きました。この時、この年中児にはどんなことが起きていたのでしょうか。

その理由はこうでした

年少の時は兄や兄の友達がいて何かと一緒に世話を焼いてくれていて、兄を真似て行動していれば良かったのです。良くできると思われていたのも、兄がすることを自分も見よう見真似で覚えてできるようになっていたので、年齢以上に進んでいたのです。

実はその行動は、自分の内面からしたいと思って取り組むというよりも、兄がしていることを自分でもやれると思って取り組んでいたのです。よくできるには違いないのですが、その動機付けは、**自分がしたいのではなく、兄への対抗心で「私だってできる」という気持ちから来ていた**ようです。

ですから、兄のいなくなった園内で、何をしたら良いのか、自分に問いかけて自分のしたいことを選んで決めなければならないことに気がつき、不安になっていたようでした。

しっかり者で、何でも年齢以上にできるから安心と思われていた子どもでしたが、意外な所に落とし穴があり、大きな発見をしたのです。

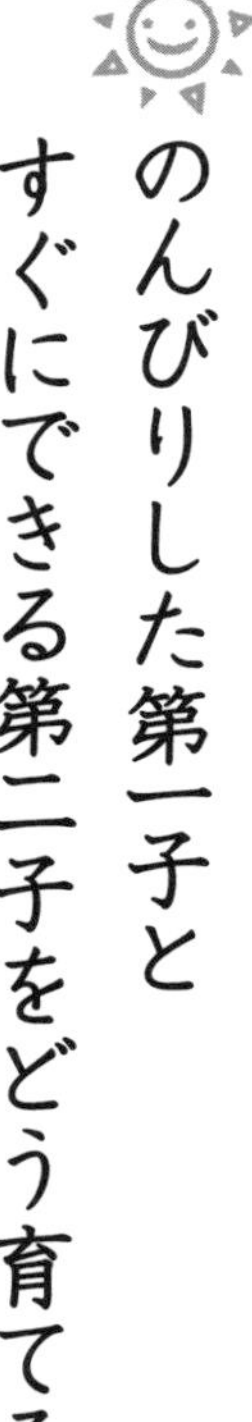

のんびりした第一子とすぐにできる第二子をどう育てるか

ある姉妹の話です。平等に育てていても性格が違ったり好みも違い、その関わり方に困ることがあるようです。

姉はおっとりして優しく、下の子にも気づかってお世話したり、慕われる年長さんです。妹も優しく控えめで、友達の前では決して出しゃばらず、どの子とも仲よくできるお子さんです。スポーツ万能で、できないことがあるとひとりで努力してできるようになるまでやっている頑張り屋さんです。二人とも四、五歳で、なんでも自分でできるようになってきました。

家庭ではどうでしょうか。食事の準備や、部屋の片づけなどで一緒に行動する機会が多くなってきます。

ある日、母親が悩みを打ち明けて言うには、「姉妹一緒に食卓の用意をしてもらうと、どうしても行動の早い妹が先に出てきてテキパキやってしまうので、姉に頼んだことを妹が先に気づいてやってしまい、二人でもめて喧嘩になってしまう。また親も、すぐ機転を利かせて先へ先へと行動する妹に頼んでしまい、そのことで姉が自信をなくしたりひがんだりしてしまうが、どのようにしたら良いでしょうか、ということでした。

そこで次のようにアドバイスしました。

作業の全体を子どもに話し、それぞれにやってほしいことを伝えて分担し、分担したことを率先して行うこと、自分の任されたことができたら、「手伝いましょうか」と聞いて早く終わったほうが手伝う、という約束を決めるとよい。また、時には姉がすると決めた手伝いは、たとえ早く妹が終わっても「これはお姉さんに頼んだことなので、お姉さんにしてもらう」と言い、**それぞれの子どもの領分をはじめに決めておき、守るように助言する**ことが良いと。

園の生活では、それぞれにやることを話し合っておきます。食事の準備の時、年長児なら、コップを人数分食器棚から出す。机は年少に教えながら一緒に拭く。クロスは年少と一緒に広げ、きちんと敷けているか点検する。エプロンをつける、しまうは年少を手伝います。

年中児は年中児同士で机を拭き、クロスを敷く。机に花瓶を置き、こぼした時のための小皿を年少に教えながら用意する。コップを運ぶ時は年少はトレーにコップ一個、年中は二個、年長は三個と決めて運ぶ。年長は全体を見て各テーブルにコップが人数分行き渡っているか点検して、多い時には少ないテーブルに置き直すなどは年長が担当する。全部終わったらお弁当を用意して、外で遊んでいる子にベルを鳴らして、準備が終わったことを知らせる。ベルを鳴らすのは年長の仕事。皆が部屋に来る前にお祈りのロウソクを準備する、などなどその年齢に合わせて役割を分担しておきます。

時にはのんびり屋の年長よりも、判断力の早い年中が、先に気づいて年長の仕事を先まわりして始めようとすることもあります。そんな時には「年長さんが終わるまで待ちましょう」と声をかけて年中をたしなめます。年長児にも他の子どもが終わって待っていることを伝えて、急いでやるように助言して、周りの動きに気を配れるように助言してゆきます。

このようにそれぞれが役割を分担して行う約束をしておくと、兄弟姉妹の間で自分の領分を自覚して行動することができるようになり、双方にとって一人ひとりが「できた」を実感して満足して過ごせるのではないでしょうか。

子どもの能力を最高に引き出す方法

自然のままに能力を使わせる

新生児は、目、耳、鼻、舌、手足など五器官はそろって生まれていても、その機能は未完成で、生後に育つ環境の中で能力が発達していきます。それぞれの器官に発達する時期があり、**六歳くらいまでにその器官を十分使って発達することが大切です。**

十分に使わずに過ぎてしまうと、その能力は自然に育たず、可能性のまましぼんでしまいます。あるいは、発達させるために相当訓練しなくてはならなくなります。自然に育つ能力があるうちに、それらの器官をしっかり使って子どもが自分で発達させることが大切です。

目でよく見て環境を観察し、色、形、大きさなどの認識を育ててゆきます。耳は、よく耳をそばだてて聴くことを通して、言葉や音の意味を理解してゆきます。

手や足も同様です。新生児は足はあっても歩けません。手があっても、にぎにぎすることができるくらいです。お乳が欲しくても、自分でお乳のそばに行くこともできないのです。

しかし、その時期が来ると、手も足も使うことで脳の神経細胞を活性化し、人間としての脳神経を作っていきます。舌、鼻の感覚を使うことで、危険なもの、生きてゆくのに大切なものを感じ、嗅ぎ取って食べて生きてゆきます。そのため、この間、いかに五感を最大限に使って体験し、感じ、心、体の中に記憶を残しておくかが、後々まで大きく影響を与えます。

特に**三歳までの育ちが大きく影響**します。

産まれて三年間はまだ意識して自分を動かすことには不慣れで、自然にそなわった感覚で生きているのが子どもです。おなかの中で育ったときと同じように、自然の力で自分で成長する力を持っていますから、親はよけいなことをせず、子どもが手を伸ばせば触らせ、歩きたければ歩かせ、やろうとすることを一人でできるように手助けすることが大切でしょう。

ただし、成長に害になるもの、危険なものは遠ざけ、悪いことは習慣化しないように気をつけましょう。

まわりにいる大人の立ち居振る舞い、慣習、言葉かけ、住んでいる環境の中から自然に学んでいるのですから、良い環境を作ることが大切です。

親の行動や価値観を見直す

モンテッソーリ女史は、「子どもは大人が教えようとすることを教わるのではなく、自分の関心のあることを環境の中から自分で学ぶものだ」と言っています。よく「子どもは親の鏡」などと言われますが、親や幼稚園の先生も、子どもにとっては学ぶ対象としての環境になります。〇歳から三歳までの家庭での生活の仕方によって子どもの性格のほとんどが構築されます。子どもは三歳までに決定的な影響を受ける、ということです。

三歳までの間にその子の自然のリズムが阻害されて育つと、いろいろな不適応行動が出てきます。しかし、異常を発見し、六歳までの間にその環境を変えてあげれば、子どもは自然のうちにその異常を直し、その子らしく育ち直すことができるとされています。六歳以降になって性格を直そうとすると、本人も周りもかなり努力しないとなかなか直りにくいものです。六歳までの間に、子どもが伸び伸びとその子らしい可能性を伸ばせる環境をつくってあげることが大切です。

言葉が理解できない一～二歳までの間、子どもは**大人（母親）の表情や声の調子、取り**

扱うときの堅さ柔らかさによって、自分の要求が受け入れられているか拒否されているかを感じ取っていきます。この時期は、言葉がわからないだけ勘が鋭くなっていますから、大事に接してあげることが大切です。

おしめの取換えや授乳の時、いつも周りで母親の快い声が聞こえているのと、慌ただしく怒鳴ったり、バタバタとイライラした調子で取り扱われているのとでは、情緒の安定が異なります。

二、三歳のころは、いろいろとやんちゃぶりを発揮する年齢ですが、伸び伸び育てたいという思いと、どこまでも許してよいのか、しつけの面で限界を見極めることが難しくなっていきます。

入園の時の家庭調査書に家庭での教育方針といった欄があり、いろいろとご両親の希望が書かれていますが、お子さんを拝見すると、その方針が身についていない場合が多いようです。そのようになって欲しいという願望があって、「こうしなさい」と言って育てているはずなのに、子どもはちっともそのようになっていないのです。これは、親自身がそのように実行しているかどうか、ということによります。

感謝する心を育てたいと言いながら、家庭との連絡ノートには、先生に対して感謝の一言もなく、批判や願望ばかりが書かれていたりすることもあります。いろいろな悩みを綴ってあるので、丁寧に答えて返事を書いてさしあげても、そのことに対する返事もないまま、また次の悩みが書いてあるといった調子です。これでは、いくら子どもに感謝の心を育てたいと思っても、子どもからすると学ぶ対象がありません。

口でこうしなさいと教えても、子どもの身にはつきません。**親が自ら実践することで子どもが自然に身につけていく**ものなのです。六歳までの母親の影響は絶大です。それだけ責任もあります。母親の価値観、生活感が子どもの習慣として身についてしまうのです。子どもを良く見て、直したいような性格が見えたら、まずお母さんの生活を振り返ってみることです。原因はたいていそこにあります。

お母さんの動作、生活の仕方、感じ方、価値観、子どもの受け入れ方を少し変えてみるだけでも子どもに変化が表れてきます。子どもの目はいつも周りの人の行動に注がれています。その目を感じ取れるようになってほしいのです。

水遊び、泥遊び、砂遊びには心を静める効果がある

小さい子どもたちにとって「水遊び」は時間を忘れて没頭できる楽しくて不思議な遊びです。幼稚園に来て、お母さんと離れられずに大声で泣いている子どもたちも、水のある場所に連れて行って手を入れたり足をつけたりさせているうちに、いつの間にか泣きやんだりします。

ひとときも休まず、あれこれとおもちゃを出してやんちゃぶりを発揮している三歳児たちが、静かになったなぁ…と見に行くと、決まって洗面台のある場所で水道の蛇口を閉めたり開けたりして、水が出たり止まったりするのを眺めています。

また、手やコップを洗いに行ったきり、いつまでも戻ってこないので見に行くと、コップに水を入れたり出したり、流しに栓をして水のたまるのを眺めたり、抜いてはまた水が穴の中に流れていく様子を眺めたり。

子どもにとって、水遊びはなくてはならない遊びで、不思議に心を静めてくれます。そして、いろいろなストレスもいつの間にか水遊びと一緒に解消しています。水に限らず、砂や泥遊びも大好きです。

なぜなら、水も砂も泥も、触れる体のあらゆる部分に密着してきます。自分の手が動けば水も砂も泥も一緒に動いてさまざまな変化を生み出します。これらが子どもを遊びに夢中にさせる要因です。

生命は海の中に生まれ、やがて土の上へと這い出してきました。この太古の記憶が原体験として残っているのでしょうか。水遊びやどろんこ遊びは子どもの心を静める不思議な力があるようです。**小さな頃から土や砂などの感触と親しみながら過ごしていると、おのずから心のバランスは取れてくる**ものです。

思春期に起こる心の病気や大人の心身症なども、子ども時代の砂場遊びやどろんこ、水遊びなどの体験の不足が原因といわれることもあります。外で十分遊ぶ時間をつくってあげたり、雨の日に水溜まりでぴちゃぴちゃ遊んだり、洋服を泥だらけにして遊んでも動揺しないお母さんのおおらかさが大切です。

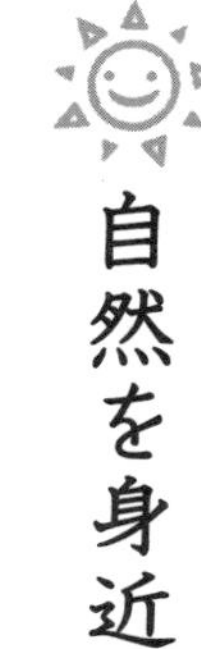

自然を身近に置く

人間は自然の法則によって生かされています。小さい子どもほど、この自然の法則を感じ取る潜在的な力を持っているようです。自然を感じ、自然に触れ合いながらの子育てを考えてみましょう。

春になると、地上ではあらゆる生き物が芽生え、新しい生命が誕生してきます。子どもたちに自然を感じる機会を持たせたいと、「子供の家」でも、いろいろな自然いっぱいの場所に遠足に行きます。

おたまじゃくしの群れが真っ黒に見えるほどうようよしていて、子どもが入って遊ぶに十分と考えられた池がありました。下見をした先生たちは絶好の場所と思い、ある日のこと、子どもたちの喜ぶ顔を想像しながら三歳児とそのお母さんたちを案内しました。思ったとおり、子どもたちは手でおたまじゃくしをすくって、あちらでもこちらでもにぎやかに楽しんでいました。お母さんも子どもの歓声につられて池の中に入ってきます。

ところが、三歳児の愛ちゃんが手にいっぱいのおたまじゃくしをすくってお母さんの目の前に突き出したところ、お母さんは「キャア！　気持ちが悪い」と心の底から叫んでしまったのです。その途端に、あんなに喜んでおたまじゃくしをすくって遊んでいた愛ちゃんは、ぱっと手を放し、大声で「わあぁ…」と震えるように泣き出し、二度とおたまじゃくしに触ろうとしなくなりました。その場で先生もお母さんをたしなめ、一緒に「可愛いね」といくら誘いかけても、恐怖の表情が消えることはありませんでした。

そんな愛ちゃんですから、部屋の中にハエや小さい虫が入ってこようものなら、椅子の上に乗って小さくなっている始末。先生はお母さんによく理解してもらい、できるだけ家でも小さい生き物を飼うとか、公園の土や砂で遊んだりして自然に触れるように、また、なによりもお母さん自身が、生き物に対してあからさまな不快感を子どもの前で出さないように助言しました。その甲斐あってか、しばらくすると落ち葉の下に隠れているミミズを拾って帰ったりできるようになりました。

家庭で小動物を飼えるといいのですが、今の住宅事情ではそれは無理な場合もあります。そんなとき、ペットを飼うという発想よりも、**自然に小動物が集まる家**をイメージしてみたらどうでしょう。

グレープフルーツの種を土に埋めておきますと、芽が出て立派な木に成長します。必ず、アゲハチョウが卵を産みにきます。チョウは不思議なもので自分の生まれた場所にまた卵を産みつけにきますから、毎年、卵から青虫、さなぎ、そしてチョウという変態を間近に観察できます。

また、実のなる木を一本植えると、都会でもさまざまな小鳥たちがそれを食べにきます。小鳥を飼っていると、そのえさを拾いにすずめが部屋の中に入ってくることもあります。水場をつくっておきますと、春先には大きなカエルがまるで主のように出てきます。ミニプランターには、パセリ、赤かぶ、こまつ菜などの手軽にできる野菜の株や種を育て、そこに集まってくる虫たちを観察するのも理科室みたいで楽しいことでしょう。

植物をじっと観察

小さいときから自然に親しみ、自然を感じる生活の中からたくさんの不思議？やたくさんの発見！喜び！を体験し、自然と共生できる心を育てたいと思うのです。

身近なことで楽しめる子どもの遊び

家庭では、お休みになると子どもを楽しませたいと、とびきり面白いパフォーマンスや目を見張るアトラクションが周到に用意された遊園地やテーマパークに連れて行くことがよくあると思います。

「子供の家」でも、バスハイクで子どもたちと水族館に行きました。一つひとつの魚や蟹の動きや身体の仕組みなどをじっくり見るように、なぞなぞノートを作り、魚のひれや口のある場所を探したり、なぜそうなっているのか発見できる工夫をしました。

子どもたちは大きな水槽の前でいろいろな魚が泳ぐのを楽しんでいました。まるで自分が海にいて魚と一緒に泳いでいる感覚になるほど施設も充実していて、どの子もわくわくドキドキ楽しんでいました。

しかし、なぜか昔の様子と違って、飽きやすいとか興味の見方が浅いなと感じることがありました。

そこで、子どもを取り巻く遊びやお楽しみのあり方が変わって来ていると感じるのはなぜだろうと、先生方と話し合いました。

今は、仕掛けのあるさまざまなアトラクション満載の施設があちこちにあり、どの子も大好きです。しっかり訓練されたプロのエンターテイナーが繰り広げるアトラクションにどの子も夢中になり、また行きたいと夢見ています。

子どもが夢中になり、心酔いしれる施設は、心の充足のために準備し、楽しませる要素が一〇〇％以上施設側にゆだねられています。子どもは、与えられる楽しみで一〇〇％以上の充実感が得られます。

しかし、それに慣れてしまうと、ささやかな要素で自分から楽しみを発見することができにくくなるのではないでしょうか。そんな危惧を抱かせます。そのようなエンターテインメントではなく、身近なものに自分から関心を持つことが大切なのではないでしょうか。

例えば、公園でアリを見つけ、その行列を追ってアリの穴を見つけた時には、ディズニーランドで満足したのと同じ充実感を味わいます。つまり二〇％の要素でも、**自分で発見したり体験したりして楽しむことで、一〇〇％の充実感を味わう**ことができます。子どもは、ほんのささやかなことでも、心いっぱいに一〇〇％ふくらまして感じる力があります。かえってそのほうが想像力を育てたり、工夫する力を育てたりすることが多いと思われます。

日頃から子どもと一緒に遊ぶ場所を考え、身近な公園でも、遠くの専門の施設で味わうのと同じように楽しむことができることを知って、もっと自然に触れさせましょう。そうしているうちに、道端で見つけたタンポポに「きれい」と感動して、手に取ってみたくなります。

一〇〇%以上の楽しみを与えられることに慣れてしまうと、自分からささやかなことに楽しみを見出したり、不思議だなと思うセンスオブワンダーの心を忘れてしまいそうです。身近な自然の中にこそ、想像力を育てたり、発見する力を養うことができるものがあると思います。安易に刺激を与えてくれる施設に頼って遊ばせることに慣れないように気をつけたいものです。

実際の生活体験で脳が活発になる

三歳を過ぎると、ヒトの子どもらしく、目に見えてしっかりしてきます。このころは盛んに何にでも興味を向け、大人の仕事に手を出してくるようになります。

二本足で歩く生活が身につき、両手が自由になり、ただ握る、つかむといった動きから、物をつまんだり紐に通したり、指先を使ってする細かい活動にも興味を示し始めます。この時期、「ダメ、ダメ」と子どもの手出しを禁止してしまわないで、**子どもにできることは何か、どのように準備してあげたら安全に子どもが活動できて成功感を持てるか、**工夫と配慮が必要です。

三歳から六歳の子どもに一体どのようなことができるのでしょうか。子どもが一人でできるようにと考えられた「子供の家」の子どもたちの生活を紹介してみましょう。

三歳

「子供の家」のいろいろな教具棚から、子どもたちがまず選んで繰り返し活動するものは、ピッチャーで豆を開け移したり、トングでマカロニを形や色で分けて容器に入れたりする日常生活に関する教材です。また、「手洗い」、「机を拭く」、「お弁当の準備」、「生き物の世話」、「花の水やり」、「動物のエサの野菜切り」などです。

四歳

「教具棚やおもちゃの拭き掃除」、「床や机の掃除」、「食器洗い」、「はさみや糸を使った縫い刺しの仕事」、「アイロンかけ」など、実際の生活に役立つ活動を熱心にすすめます。

五歳

「カレーライスづくり」、「お汁粉づくり」、「クッキーづくり」、「小さい子を教えながらのテーブルセッティング」、「花生け」「洗濯」など、トータルに家事に近い仕事をすることができます。家庭で母親の仕事を毎日見ていて、やってみたいと興味を持っていることばかりです。

これらを、おままごとではなく、本物の実生活の仕事として体験します。自分からすすんで行い、ひと通りの仕事として身につけていくのです。

「子供の家」で教材や道具などの環境を準備する際には、子どもの年齢に合わせて克服しなければならない困難な箇所を絞り、少しずつ努力すればできるように考えられています。具体的なポイントをいくつか挙げてみます。

○子どもの手の大きさに合わせて、重さ、実体を感じ、扱いやすいこと。
○取扱いの間違いに自分で気づいて直せるように、本物の材料を使うこと。
○物の置き場所を一定にして、どこに行けば必要な教材があるかわかるように、子どもの目の高さにセッティングして置くこと。
○自発的に教材を選び、したい時にしたいことができるように活動を自由に選ばせること。

食器もナイフもアイロンも洗濯台も料理の材料も、すべて本物の生活の中で学んでいきます。初めは危なげにやっている仕事も、実体験の練習にしたがって、次第に熟練していきます。本物を体験すると、仕上がりに見事に現れてきますし、取扱いによっては危ない教材もありますので、おのずと真剣にならざるをえなくなり、注意力も喚起され、先見力（見通しを立てる力）、集中力も生まれてきます。集中して、注意をまんべんなく手や指先の動きにいきわたらせて活動することによって、小さい子どもたちの手と指は、次第に器用に細かい動きのコントロールもできるようになってきます。

三歳から六歳の間に手を通して学んだ実体験は、子どもの脳の活動を活発にし、賢さのある動きを身につけていきます。そして、感覚を通した経験を蓄積し、それが子どもの概念形成の基礎になって、後の知性の発達にも大きな影響をもたらします。

子どもの扱いやすい道具にする

テーブルセッティング

三歳過ぎからの「感覚の敏感期」

三歳ごろまでは、運動思考期といって、自分の周りの物や人の動きに興味の中心が向き、自分の身体で覚える時期です。その後、三歳過ぎから少し子どもの興味の中心が広がってきて、**自分の感性、感覚（五感）が鋭敏に働き、それを洗練させる時期**に入っていきます。

モンテッソーリ女史も「感覚の敏感期」と言っているように、**子どもの視覚、聴覚、触覚、嗅覚、味覚という感覚器官が洗練されてくる時期**になってきます。動きで学ぶという基本は変わりませんが、試行錯誤の仕方が感覚を使って考えるように変わってくるのです。

わかりやすく一つの教材で説明してみましょう。板の上に縦横六本ずつ、三六本の釘が刺してあるペグボードという教材です。その釘に輪ゴムを掛けて、いろいろな図形を作っていくのですが、例えば図１のような三角と直線の図形を作っていくとしましょう。

三歳児ののりおくんは、教師が輪ゴムを掛けている手の動きから、輪ゴムを釘に引っ掛けるということを学びましたが、正しく三角と直線を作らず、いろいろと輪ゴムを掛けて遊んでいます（図２）。

運動思考の段階の子どもは、いくら教師が図形を作っても、ただ輪ゴムを掛けるということだけを繰り返し試しながら、次第に釘の位置と輪ゴムの引っ掛かり具合の関係を学び取っていき、図形のできる法則に気がつきだします（図3）。

四歳児のりょう君は、教師の作った輪ゴムの線の形に目を留めて図形として見る時期になり、傘のようなイメージを持って輪ゴムを掛けようとし始めます。このころは単に動きを学ぶだけではなく、できたものを映像としてとらえる感覚の働く時期になっているので

図1

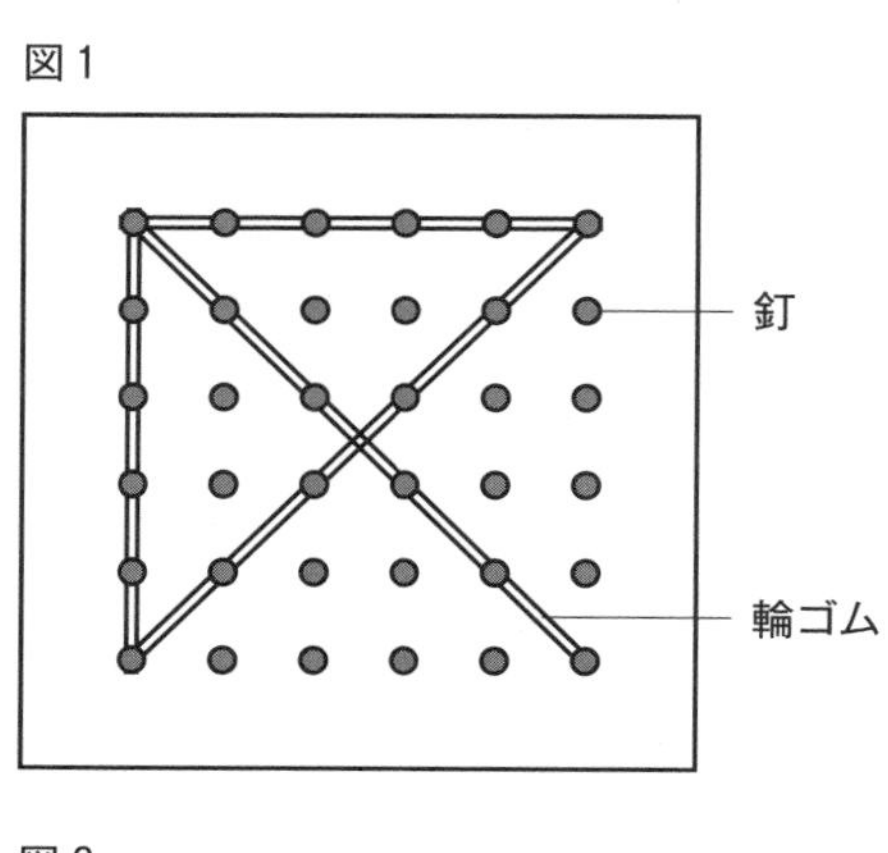

図2

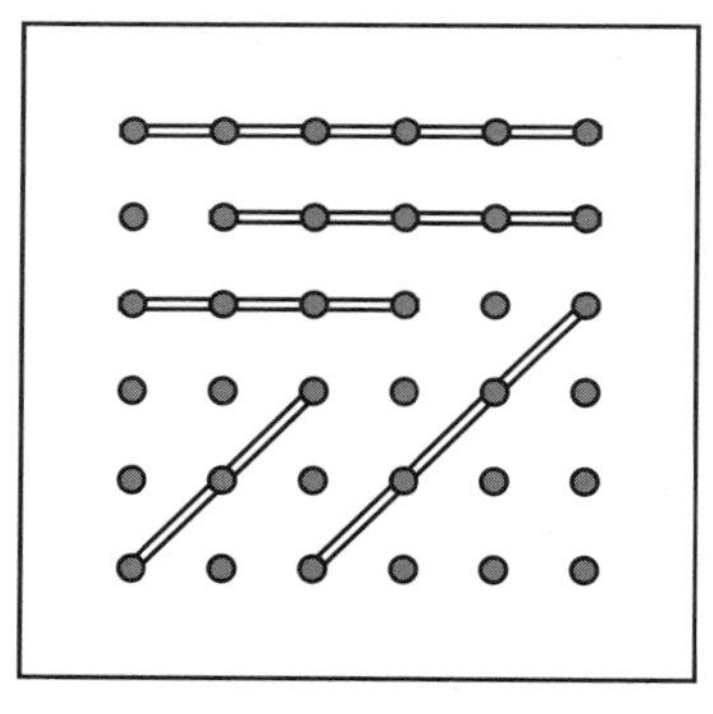

図3

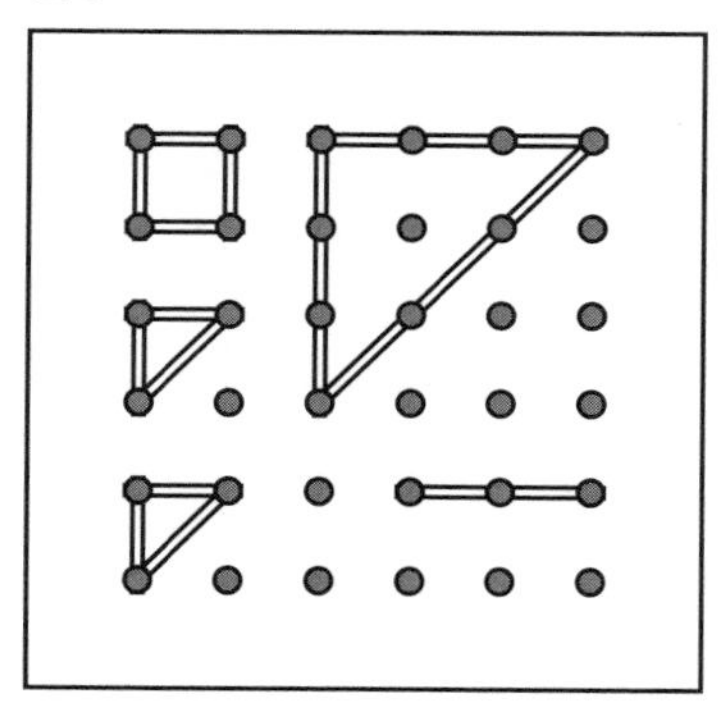

す。子どものとらえたイメージの正確さによってだいぶ個人差が表れてきて、さまざまな傘のような形が再現されます（図４）。

傘に似てはいるけれども正確ではない。それでも「できた」と満足します。その繰り返しの末に、次第にわずかの差も見抜くようになって、正しく図形を作れるようになっていきます。

この時期が感覚の敏感期です。子どもの感覚器官が一番発達する時期で、細かい図形や色や大きさ、手触り、重さ、音、匂い、味などの諸感覚が育っていくのです。この時期は

図４

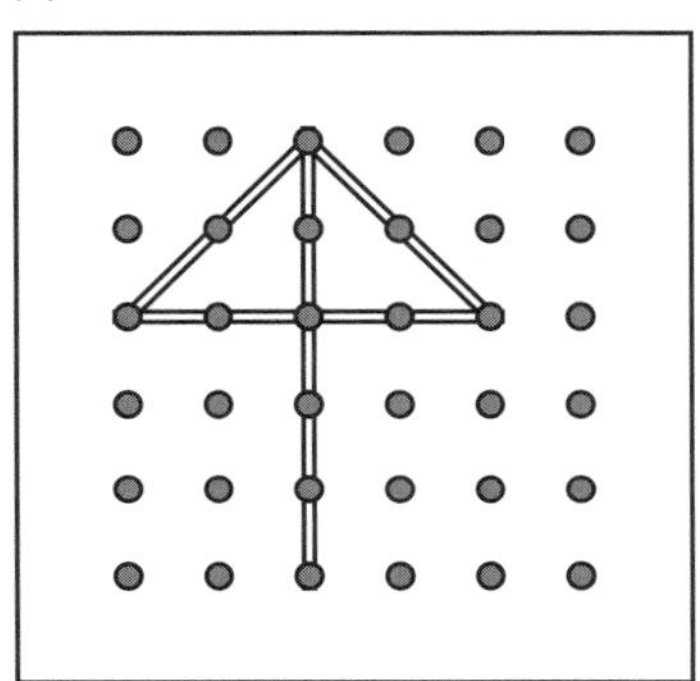

どのようにしたらよいでしょうか。

まず正しい図形を作らせようと焦ることは禁物です。**作らせてみたいと思う図形をカードにして子どもの目に留まるようにしておき、ときどきその図形をゆっくりと作ってあげて見せる**だけでいいのです。

子どもが見本の図形を作ってみようとするチャンスを見つけて、再び図形を正しく作って見せるということを繰り返していきます。そのうちに子どもは自分で作り始め、あとはもう繰り返し作っていくうちに正確にできるようになります。「どうするの？」と聞く子どもほど教えずに、ただ輪ゴムの掛け方を**何度も見せ、子どもが自分で繰り返し試し、その法則を発見するように助けること**が感覚を育てるのに良い方法です。

自分の視覚、目でとらえるという訓練をたくさんすることがこの時期には大切で、この後の抽象的なことを理解する思考段階の基礎になります。自分の感覚でとらえたイメージを脳の中に残して持っていることが、その子どもの個性や知識のもとになるのです。

視覚だけでなく他の諸感覚も同様に、**自分の感覚を繰り返し使って訓練していくことが**必要な時期です。知識もその子どもの感じ取った体験に裏付けされていなければ薄っぺらになります。考えるという知性の土台は、感じるという個人的な感性に支えられているのです。

六歳過ぎからの論理的抽象思考の育て方

五歳になった力君、ペグボードでどのように活動しているでしょうか。まず、より複雑なパターンをやりたがるようになります。どうやってするのか見てみますと、釘の位置を右、左、上、下、それぞれから何番めか確かめつつ作っているのです（図5）。ですからどんなに複雑な図形でもかなり正確に作れます。どんどん複雑にしていき、

図５

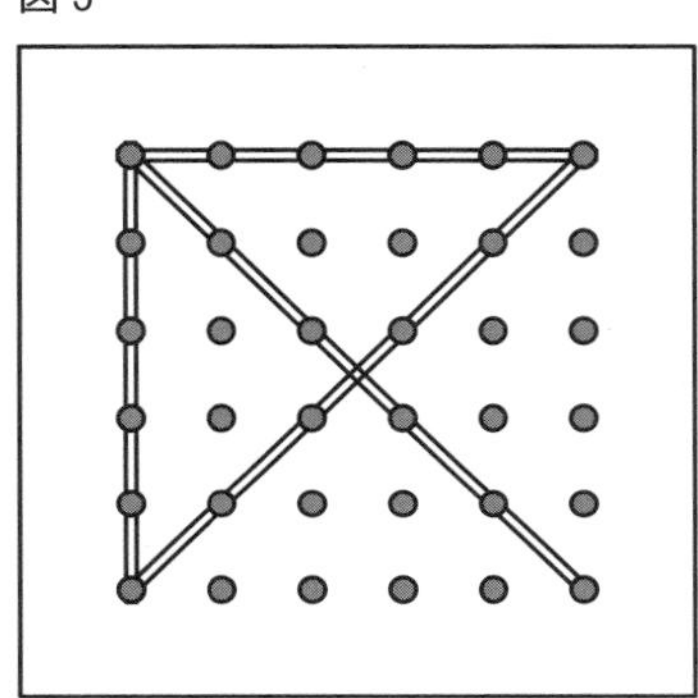

図６

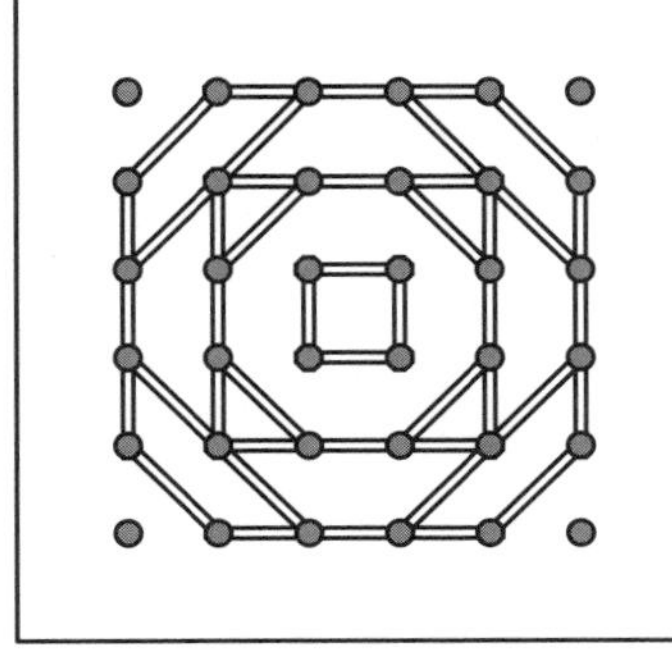

存分に楽しんだ後は、見本の図形は必要なくなります。六歳になるとどのように輪ゴムを掛けたらどのような図形ができるかがほぼわかってきます。そして、自分の頭の中のイメージを具象化して、さまざまな絵を自分から作り出していきます（前ページ図６）。

このような子どもは、もう感覚の敏感期を抜け出して、論理的に抽象思考する段階に入っています。輪ゴムの掛かっている位置を上下左右のグラフのようにして見つけ出していく力がついているのです。

これは、**論理的思考とか言語思考という段階で、言語を通して考えることが大切な時期**です。言葉の発達も、急速に抽象的な言葉が理解できるようになって、大人がやって見せなくても、言葉の説明で言っていることがわかる時期となっているのです。

今までの成長の段階で見てみると、次のようになります。

三歳まで

全身の機能を使って自分で動くことで理解する時期。

自然の中で大地、水、砂、木、草、風、石、動物など自然の営みと一緒に成長し、それを中心とした子育てを大事にするといい時期です。

三歳から

自然とともに、さまざまな道具を使い、自分の手や指先を使っての微調整、コントロールを必要とする実生活の活動を通して理解していく時期です。

四歳近くなってから

運動を助けにしながら、感じ取っていく力（感覚）を大切にして子育てすると良いと思います。感覚と手の運動のコントロールの大事な時期は、言葉で教えるよりも、できるだけ子どもが自分の感覚で物事を知っていく機会をたくさん与えることが大切です。

六歳近くなったら

言葉を使って考える、言葉を中心として思考を深める時期に入ります。もちろん、言葉を六歳まで使うなということではありません。この時までに子どもの周りで豊かなコミュニケーションとしての言葉をたくさん聞かせ、事物や動きや事象と言葉の一致を体験しておくことが大事なことは言うまでもありません。

六歳近くなったら、少しずつ言葉のおもしろさ、抽象的な言葉と感覚と心の動きを結び付けて話したり、本を読んだりすることも必要な時期です。例えば、「りんご」や「なし」

という事物の名称を知る段階から、「果物」や「食物」といった言葉が理解できる時期なのです。夕焼けがきれいだなぁと感じる時期から、夕日の沈む方角が西で、「日が西に沈む」という言葉で夕焼けの美しさが心の中に思い起こされる時期になります。

この時期には、**周りの大人はできるだけ言葉を、特に抽象語をたくさん使い、言葉の表現を豊かにすること**が大切です。**周りに起こっている社会の事象などもまじめに大人の言葉で話し合う**という環境も大切になってきます。

できるだけ教えないで、子どもが感覚や動きを見て自分でわかるやり方で、子ども中心の環境を準備していた段階から、今度は社会の中に導く準備に入っていきます。子どもにわかる言葉から、大人の普段の生活に必要な言葉をふんだんに使って「どんな意味なのか」をつかみ取っていけるようにします。子ども中心には動かない社会の営みに、少しずつ自分を合わせていく準備ができたのです。大人の話している会話に面白がって入ってくるようになります。「〇〇ってどんなこと?」とか「どうして?」とかいう質問も急速に出てくるころです。

言葉を上手に使うことができる、つまり人間の子どもとして知性が見え始めるこの時期、その知性の芽を伸ばしていく時期がやっときたのです。

指先を使うと脳が育つ

人間の脳は七歳でその約九〇パーセントまででき上がるといわれます。脳細胞の数は変わりませんが、大脳の働きは子どものときはまだ未熟な状態で、可能性として持っている能力であって、それは使わないと育たないものなのです。いくら頭の良いご両親の遺伝子を持っていても、その可能性としての脳を使っていかないと育たないのです。

例えば、機能的にも知能的にも話す能力を持ちながら、言葉を聞き、言葉を使ってコミュニケーションする経験をしてその能力を使わないと、話すこともできないことになります。手についても同じことが言えます。生まれつきの器用不器用という遺伝の問題もありますが、小さいときからどれだけ手を使って物事を認識してきたかで違ってきます。特に、脳の成長にとっては、**親指と人差し指と中指の協調した動きを体得すること**が大切です。その中でも親指の能力は大切な意味を持っています。

脳の発達は、脳神経の樹状突起が伸びて、その先についているシナプスといわれる部分で脳神経同士を連結していきます。能力はそのシナプスがいかに他のシナプスと複雑に絡

図7

チンパンジーの手

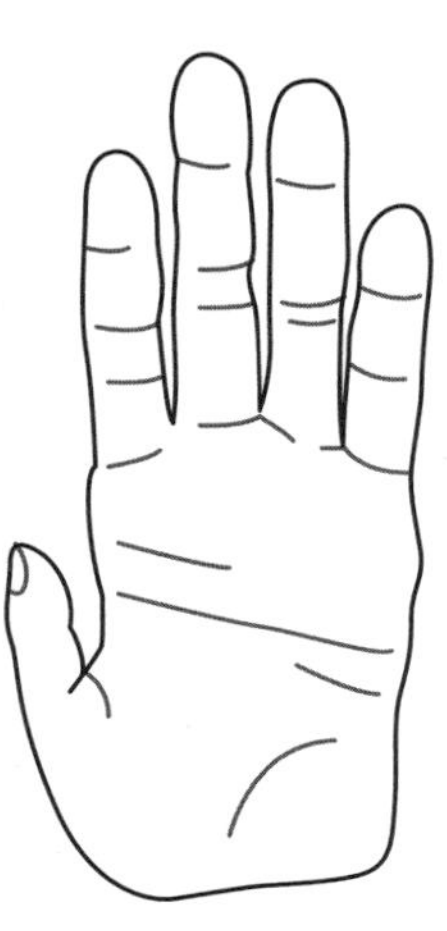

ヒトの手

み合っていくかによって違ってきます。七歳までの皮膚、手足、体、そして目、耳、鼻、口による体験でその基礎部分ができ上がるといわれているのです。

子どもの手の活動について見てみると、チンパンジーとヒトとは少し違ってきます。チンパンジーも手を使いますが、一歳を過ぎると、チンパンジーの手は、ヒトに比べて、親指が人差し指のずっと下のほうについています（図7）。そのため、手のひらを返して親指を人差し指、中指と一緒に使うことはできません。例えば、ねじる、小さい粒をつまみ上げる、つまみの調節をする、書く、ひもを通すなど、道具を持って操作する指先の微妙なコントロールがしにくいわけです。そのため、文字のような、複雑な線をルール通りに書くことなどはできません。このあたりから、チンパンジーとヒトの子どもの違いが出てきます。

では、ヒトの子どもとして手を使っていくためには、どうしたらよいでしょうか。まず、食べるという基本欲から始めますと、ご飯を口に運ぶために、手づかみからスプーンなどを使い、箸にいたる手の活動の獲得は大切です。東洋人は西洋人より器用な人が多いといわれていますが、箸を使う文化ということもその一因だと思われます。

最近では、スプーンも子どもが食べやすく持ちやすいようにと、手の甲を上にして手を握ったままでスプーンを操作して食物を口まで運べる曲がったスプーンがありますが、このような状態の食事を続けていては、決して箸を上手に使えるようになりません（図８）。箸を使うには手のひらを返して親指を開かなければなりません。この動き（手首の向きを転換させること）は難しく、たいていは手の甲を上にしてねじってしまうようになります。

ですから、子どもが初めて使うスプーンはごく普通の形で、子どもの手のサイズに合わせた小型のものがよいのです。そうすれば自然に掌を上にして、箸と同じような動きでスプーンを使うことになり、箸使いも上手になり、ひいては鉛筆の持ち方も同じ動きで上手になるのです（図９）。

最近では、子どものためと称していろいろと子どもグッズが考えられていますが、子どものためとは一体どんなためなのかを賢く見分けてほしいのです。子どもを不器用にしたり、工夫しない、考えない子どもにしてしまいがちなグッズを多く見かけます。子どもの

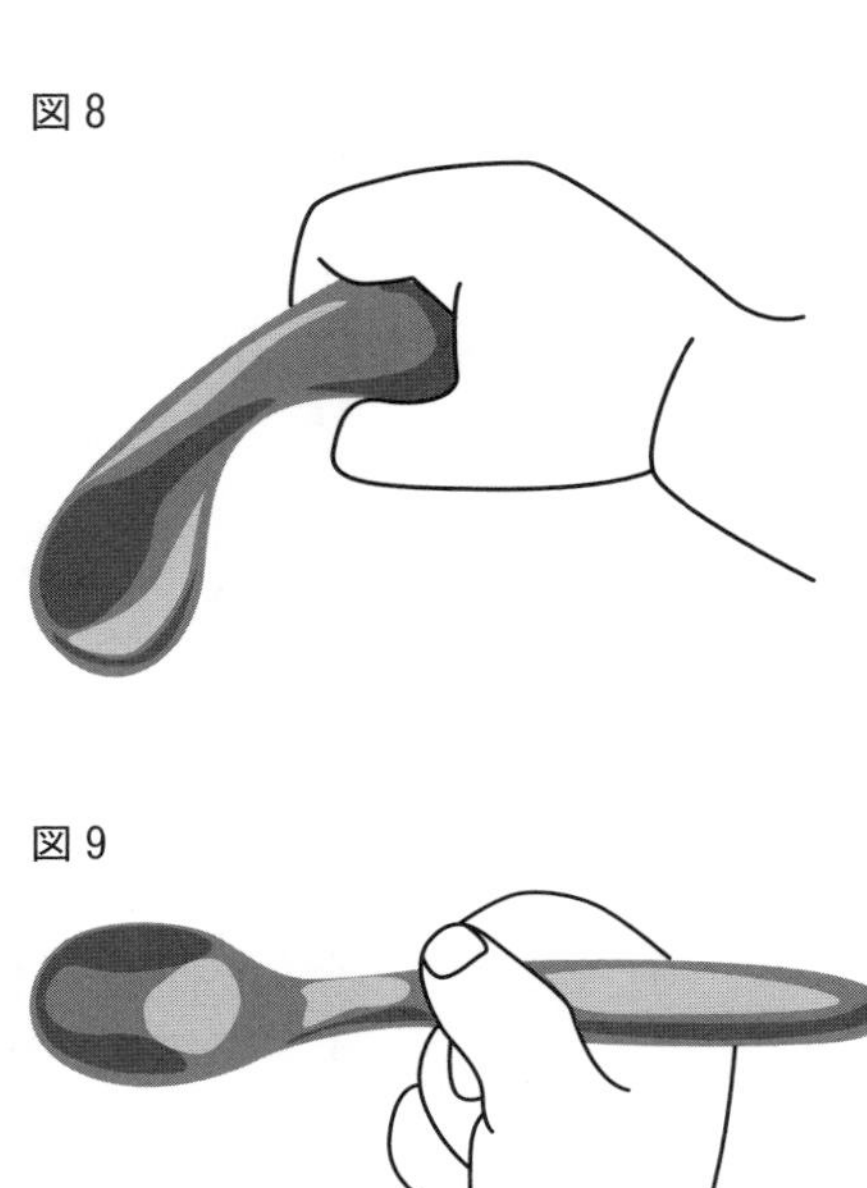
図8

図9

初めて使ういろいろな道具をよく見回し、便利さ、とっつきやすさ、簡単という言葉にだまされず、子どもがいかに手を使って動きを体得できるものかを考慮に入れて選んでいただきたいと思います。

感覚体験が右脳を育てる

脳には右脳と左脳があり、右脳では感覚・運動をつかさどり、左脳では論理・言語をつかさどっています。

物事を感覚を使ってとらえると、言葉を使って概念化することに比べ、一度に短時間でたくさんの量の情報を脳にインプットすることができます。しかし、それは大変個人的なもので、曖昧になります。

また、言葉によって正確に自分の見たもの、感じた気持ちなどの感覚情報を伝えるとなると、大量の左脳のデータが必要になりますが、その分、普遍的で論理的にわかりやすくなります。

人間は言葉を使うため、どうしても左脳が優位を示します。しかし、右の脳で得る情報は、言葉に置き換えた時に比べて一度にたくさんのものを体験できますから、**まだ言葉が十分発達していない幼児期に、感覚・運動という右脳をたくさん使って情報をインプットしておくことがとても重要になります。**

右脳で得た情報は脳梁という場所を通って左脳の情報と交換し、次第に感覚と言葉とを結びつけていきます。子どもが概念をつかむということは、この右と左の脳を使って見たり聞いたり触ったりして得た体験を、言葉に置き換えていく作業をしながら記憶していくのです。

しかし、左と右の脳の情報交換は大人ほど早くありませんから、体験を積み重ねつつ、左右の脳の情報の移行がスムーズに流れるように、ゆっくりゆっくりと発達していきます。言葉で聞いたものをすぐイメージするということは、大人ほど素早くいかないものなのです。また、見たもの聞いたものを言葉にする活動はもっとできないわけです。

言葉を自由に操ったり、文字という記号の理解ができないからこそ、子どもらしく自分の体をよく動かして遊んだり、興味のあるものをなんでも触ったり匂いをかいだりなめてみたりして自分の中に吸収し、一つの物体の性質を総合的につかんでいくのです。

三歳を過ぎると、それまでに蓄えたさまざまの触覚的体験、味、匂いなどを使って体験してきた事柄を、さらに体系化して蓄える時期になります。次第に色とか形とかいうものをとらえて、それに沿って活動し始めます。

例えば、「玉さし」（図10）という教具を使ってみると、初めは玉を差し込む（運動）ということに没頭していた子どもが、次第に色ごとに区別し始めたり、縦横と場所を考えて

図10-１　自由にさす（運動）

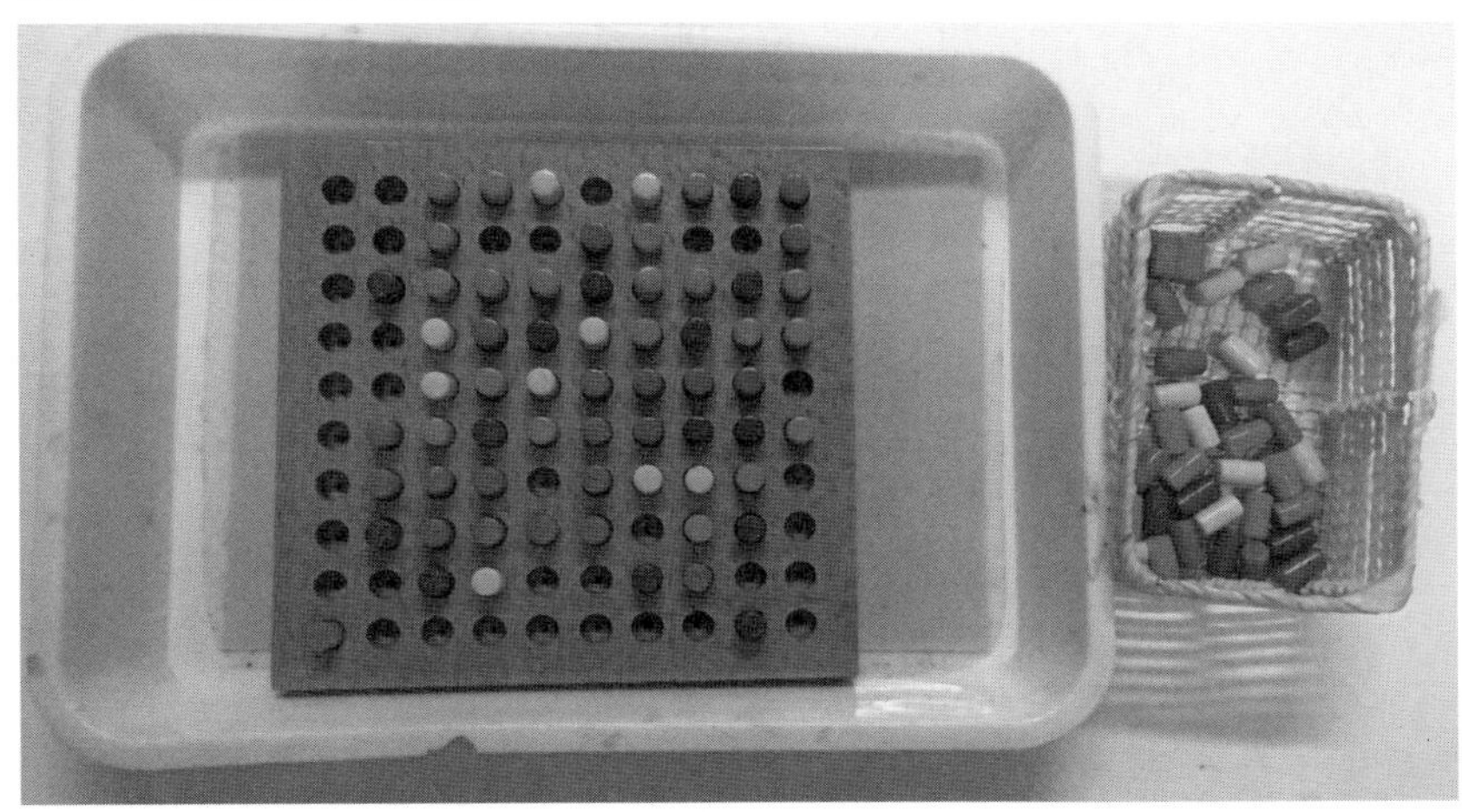

図10-２　色とラインを揃えてさす（映像）

形よく差し込むようになってきます。また、大小いろいろな石を見つけては、順番に並べたり重ねたりし始めます。試行錯誤しながら、大小の違いや形の違いを識別し始め、右脳を使って感じ取っているのです。この感覚を使って集中している時期には、十分にその活動をさせておくことが大切です。できれば、**子どもがふっと手を止めて我に返るまでそっと見守り、言葉をかけないこと**です。言葉をかけてしまうと、右脳の活動はさっと止まり、左脳の活動に入ってしまってその集中は中断されてしまい、それが度重なると、ストレスになります。

四歳ぐらいまで、まだ言葉が十分操れない時期に十分に感覚体験をして得たことは、後で言葉に置き換えていくときのイメージの基礎として、なくてはならない情報になります。

三～六歳の時期が一番感覚が発達すると、モンテッソーリ女史が言っていますが、この時期、右脳を使って体験するチャンスをたくさんつくってください。

言葉の獲得は心の通うコミュニケーションから

子どもは二歳までの間に、環境の中に散らばっている数々の音の中から、意味のある音と音の結びつきによって、そこに何かを表現する「言語」を知り、音声から言葉を操るようになってきます。

生後二年の間、意味がわかろうとわかるまいと、いつでも何か動作をする度に、それに関連する言葉が身近な人から発せられて、その音（言葉）には何かその行動と関係があることをつかんでいきます。次第にそこに存在する、あるルールに気がつき（秩序の敏感期）、音と行動との意味付けを確信していき、自分の舌で音声を意味のある言葉として発声することができるようになり、突然しゃべり出すのです。この二年間に、とにかく言葉のシャワーとして、**常にいろいろな行動と結びつけて言語を聞かせていく**ことが大切です。

ある日、電車の中で二組の母子に会いました。一方の親は子どもを膝の上に置き、あやしながらいろいろと話しかけていました。生後数カ月の赤ちゃんで、その言葉を理解しているというよりは、話しかけるときに小高く抱き上げられたり、あやされる行為に、けらけらと笑っているのです。親子で目と目が合い、話しかけている言葉が快い体験として無意識に吸収されているのがわかります。

別の親子は対照的でした。同じようにひっきりなしに話しかけているのですが、バギーの中に子どもを入れたまま、「さあ今度は○○の駅ですよ。次は○○駅よ。もうじき○○駅だからね」と言っているのです。まだ、一歳にもならない子どもにです。子どもの心に話しかけていないのですから、これでは、いくら話しかけても少しも言葉の役目をしません。言うなれば、母親はひとりごとを言っているのです。当然、バギーの子どもはうんでもなければすんでもなく、ただ足先だけがもぞもぞ動いているだけでした。

言葉というのは、いつも相手があって互いに意思を通わせて楽しく生活したいというところから生まれ、使われていくのです。言語の敏感期は二歳ぐらいですが、二歳までの間に心の通うコミュニケーションを十分とることが大切です。母親があまり話しかけず、泣けば怒り、お乳を飲ませながらもいらいらした口調で「早く飲みなさい」とせっついたり、母親の気に入らないことをした時に、いつも叱るような声が聞こえてくるのでは、言語に対する欲求に蓋をしてしまうようなものです。また、子どもが手を出すものをいつも「ダメ」と言って取り上げていたりすると、言葉という音が聞こえるときは、何か叱られたりする不快感として条件反射してしまい、話そうとしなくなってしまうように思えます。

入園希望の子どもの中に、何かしたいとおもちゃに手を出すので近寄っていくと、さっとその場を離れてしまったり、突然それを投げ出してしまう子どもや、何か話しかけようとすると、すっとその場を離れてしまう子どもに出会うことがあります。

テレビ・ビデオといったメディアによる一方通行の音声コミュニケーションにばかり頼り過ぎたり、子どもの欲求とかけ離れた語りかけでは、ひとりごとのように喋ったり、機械音のように一方的にただ音を発するだけといったことも出てきて、言語や会話の獲得が遅れたり、その場に適応することが難しくなると思います。

言葉を理解し、話し出すためには、ミルクを飲むときに快い声で話しかけるとか、「いい子だね」と声かけしながらあやすとか、**言葉が理解できない二歳までの間に、子どもが快い体験と結びついた言葉を聞き、音声を発することに応答してくれる人のいる環境であること**が大切です。

子どもが音を発したとき、ある「音」とある「音」（ミ・ル・ク）が結びついた時に、「ミルクが口にふくまれる」と、この音を発すると相手に通じることがわかり、相手の反応が自分にとって喜びになる時、音は単なる「音」ではなく、意味のある「ことば」というツールとして学習してゆくのです。

そこには、心の通う「快」の体験が深く関わっていると思います。

心を伝える行動で言葉の意味を教える

　ある四歳になったばかりの男の子の母親が相談にきました。「ひっきりなしに話したり、説明のしにくいことばかり質問したりするんです。できるだけ辞書を引いてわかるように答えてあげるけれど、しつこくて、夕食時の忙しい時などはついイライラして…、どうしたらよいでしょうか…」ということでした。

　その男の子が二歳過ぎで入園したときは言葉が少しも出ず、母親はしゃべらないことを心配していました。入園後数カ月で言葉をしゃべり始め、入園当初の心配はすぐになくなりましたが、今度はしゃべり過ぎて困るほどに成長したのです。この男の子が質問するのは、たいてい「すばらしいってどういうこと?」とか、「死ぬとはどういうこと?」といった内容で、今までの「これなあに」中心の質問より少し次元が高くなっていました。

「すばらしいってどういうことと聞かれたとき、どのように答えますか?」と聞くと、「何か良いことがあったりした時に使う言葉よと説明してても納得しないでしつこく聞くので、ついには怒ったり怒鳴ってしまう」ということでした。

さて、ここであなたのお子さんが同じ質問をしたらどのように答えますか?

この母親のように辞書を使って説明して、挙げ句の果てはけんか沙汰では、「すばらしい」という情感のこもった言葉の意味を伝えることはできず、かえって意味が混乱してしまいます。

私は、「子どもは、『すばらしい』という言葉の説明を求めているのではないのです。言葉というのは、コミュニケーション=会話ですから、『すばらしい』という感動が伝わるように、その言葉を状況と一緒に使ってあげれば良いのです。例えばこうです。『ついこの間までしゃべれなかったのに、今日はこんなことを質問してくるなんて、何とあなたはすばらしい子どもなの』と言ってあげれば、『すばらしい』という言葉の心は伝わり、しつこく何度も質問しないでしょう」と答えました。

「そんなことで、簡単に子どもが納得するかしら…」と半信半疑の母親でしたが、しばらくして、次のように報告がありました。

「先日のご相談以来、同じような質問がこないかしらと待っていましたら、とうとう、『ママ、愛するってどういうこと?』と、質問がきました。ちょうど、お風呂に入っていて体を洗っているときでしたが、来た!と思って、石けんだらけの体を思いっきり抱いて、『ママは、Kを愛しているよ』と言ったんです。すると、少しびっくりした表情をしてから、

『ふーん、そうなの』と言って納得し、今までのように説明に疲れてけんかしたりせず、石けんの泡の中で幸せな気持ちになりました」ということでした。

昨今、小学校受験のために知識として言語の発達をはかり、子どもにそれを覚え込ませようとする受験塾が氾濫しています。**言葉は人と人の心を伝えるコミュニケーションの道具であって、知識ではありません。**言葉の本来の機能を無視して知識として覚えても、果たして言葉の持つ意味を心で感じ取れることになるのでしょうか。また、覚え込むだけの言葉には、他人の心を知ろうとしたり自分の心を伝えたいという欲求や、互いに理解し合えた感動もないのですから、言葉に対する意欲もわかず、心に無関心になるのではないかと心配します。

心を伝える行為を通して学んだ言葉は生きています。今では年長になったK君のように、次第に話し言葉だけでなく、絵本や生活にあふれている文字によるコミュニケーションに興味を持ち始め、知りたい、わかりたいという強い欲求に促されて自然に文字を読み、文字を通して心を伝えるおもしろさへと発展していくのです。

言葉の三段階レッスン

子どもが、色の名前、形の名前など物の名称を覚えてゆく段階は、三つのステップを踏んで進めてゆきます。

入室したてのＤ君は、外靴と上靴の区別が曖昧で、外靴を室内で履き換えようとしたり、上靴のまま外に出ようとしています。先生は、上靴と外靴の違いをわかってもらおうと三段階レッスンから始めました。

第一段階　記銘――物の名称を伝える、復唱する

まずは名称を繰り返し教えます。

「これは上靴、こっちは外靴」と言って、二種類の靴を子どもの前に置き、子どもにその靴を持たせながら「これは上靴、お部屋で履く靴」、もう一方の靴を持たせながら「これは外靴、お帰りする時に外で履く靴」と繰り返し伝え、子どもにも「上靴」、「外靴」と

繰り返し言葉に出してもらいました。

第二段階　選択――名称を伝えて、どちらか選んでもらう

次に、名称を聞いて選べるようにします。

「上靴はどっち？　お部屋で履く靴、上靴は？」と靴の名称を言い、子どもは二つの靴を見比べて、第一段階で教えてもらったことを思い出しながら「これ」と言って、一方の靴を選んで指さしました。正しく選べたら次に行きます。

「外靴はどっち？」と同じように聞きます。「外で履く靴」と用途を伝えても良いでしょう。間違えて選んだ時は、一段階目がしっかり学べていないので、再度第一段階を繰り返します。無事第二段階で正しく靴を選べたら、次の第三段階目に入ります。

第三段階　再生――指さして、その名称を子どもが答えられるようにする。

次は、名称を言えるようにします。

二つの靴を並べ、一方の靴を指さして「この靴はなあに？」と聞きます。ここでも「外

で履く靴」と用途を話してゆくのもよいでしょう。この時正しく「外靴」と名称が言えたらもう一方の靴をさして、同様に聞きます。繰り返し同じことをやって、場所を変えたりしても「外靴、上靴」を正しく選べれば、しっかりその用途と名称を理解したことになります。

D君も、次からは間違えて靴を履いてしまうことはなくなりました。

このように、子どもが名称や用途を正しく認識するためには、この三つの段階を踏んで伝えてゆくことが大切です。どんな物にもそれを表す名称があることを紹介すると、意外にも子どもとのコミュニケーションがうまくいくことがあります。

「約束を守る」「色や物の名前を覚える」「英語を学ぶ」などの時にも三段階レッスン法で進めると、子どもにもわかりやすく、むやみに叱ることもなく、円満に伝わります。

子どもの目に留まる速さで動きを見せる

R君は、少し発達に遅れのある子です。でも文字を書きたいと思うのか、しきりに鉛筆を欲しがります。鉛筆を手にすると、紙を見るなり手首を上下に動かして文字を書いているような動きをしながらものすごいスピードで書きなぐります。決して文字になっていません。ただ、上下に動かした線がランダムに描かれているだけです。何をしているのかな？と様子を見ていると、母親が先生の話をメモを取る時に手早く鉛筆を動かしているのと同じ動きでした。

「そうか、あのようにして文字を書いているつもりなんだ」とわかりました。

先生は、砂文字板という板を出して自分の名前の三文字を選び、文字を書くという動きをゆっくり見せてみました。

ひと筆、ひと筆の動きをゆっくり見てなぞり、なぞった後その文字の持つ音を発します。そして三段階のレッスンでひと文字ずつなぞり、文字の形を見て、その音を発音するように紹介しました。すると次第に、ただ鉛筆を素早く動かすだけでなく、文字らしい形に似せようとするようになりました。発達に遅れがあるので、全部の文字を覚えるまでにはゆきませんでしたが、見て学ぶことができ、**子どもの目に留まる速さでゆっくり動きを分析して見せると、文字として目に留まり、**容易に学ぶことができるのです。

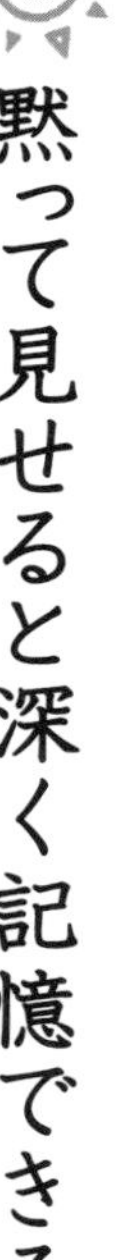

黙って見せると深く記憶できる

やって見せるときには、もうひとつ大切なことがあります。それは、**動きを見せることと話すことを同時にしないこと。また、その音だけを教えて、よけいな言葉は極力発しないこと**です。

子どもの脳神経細胞は、まだ同時にいろいろなことを見たり聞いたり触ったりすることができるまでになっていません。砂文字板で文字を教える時、文字の筆順をゆっくりやって見せますが、このとき「ここからこうやってまっすぐ線を引いて、最後はさっとはねるんだよ」などと、よけいな言葉を発してはいけません。

小さい子どもは、目で動きを見ている時にはそのことに集中しているので、言葉を聞くとそれに反応してしまい、どんな動きをしているのかを見失ってしまうのです。

ですから、筆順の動きを見せる時は、黙って手の動きを見せます。

なぞり終わったら、良くその文字を眺めさせる。これは、目で見て視覚で文字の形を印象づけるのです。次に、子どものほうに唇を見せて、その文字の音を発する。聴覚でその

砂文字で字を書く

文字の音を結びつけるのです。そして、同じように子どもにも「手でなぞり（動き）、見る（視覚）、音を聴き（聴覚）、発する」という行動を繰り返してもらいます。

二、三の文字を三段階のレッスンを使って記憶できるように練習すると、すぐ覚えるでしょう。

例えば、初めは「て」「し」「の」など一筆の文字二、三字を行い、「動き」「形を見る」「音と結びつける」を使って記憶してゆくと深く記憶し、覚えてゆきます。

次は、「う」と「し」のように二文字を組み合わせて音を発すると「う」と「し」が「うし」という単語になることを学び、音が意味のある単語になってゆくことを伝えます。

文字の獲得は「動き」「形を見る視覚」「聴覚」「意味のある単語」へと順を追って教えてゆくと、コミュニケーションのツールとしての文字を自然に覚えてゆくようになります。

文字を読む・書くための五つの要素

文字を理解し、読む、書くなどを始めるまでに次の五つの要素が整っているか観察してみましょう。

1、図形を見分けることができるか

→図形のわずかな違いに気づくことができるかどうか、視覚の発達度合いをパズルや形の教具で観察してみましょう。

文字は「つ・し」「く・へ」「と・う」など左右の向きやはらいかたの違いなど似ているものがあり、その微妙な違いに気づく力が必要です。実際に文字を教える前に似ている形・図形を正しく見分けられるかどうか、よく観察してから教えると良いでしょう。

2、わずかな音の差を聞き分けられるか

→文字には読みが必要です。文字とその音が一致しなくては読めません。

「さ」なのか「た」なのか「しゃ」なのか、良く耳をそばだてて聴く力が問われます。楽器や身近な生活音を聴き分けられるか、聴覚の発達度合いを観察してみましょう。

3、綴った文字の意味がわかるか

↓一綴りの単語を読んで、どんな意味か、絵本や玩具で確かめてみましょう。文字は一文字ずつ読めても、綴った単語の意味がわかっていないこともよくあります。「あ」や「め」と読めても「あめ」と読んで単語としての意味がわからないと、読めたことにならないのです。

4、集中して動きを見られるか・待つことができるか

↓文字には筆順があり、その文字が書き終わるまでじっと動きを見て学ぶことが大切です。待つことができない時期には文字を教えるのは早すぎるのです。文字を教える前に教えるべきことがあるはずです。

5、指先・手首の運動調節ができるか

↓鉛筆を持って書く前に手と手首をコントロールできる力を準備しておくことが大切です。縫いさし、包丁で野菜を切る、コップを運ぶ、印を鮮明に押すなどの運動で十分に発達しておく必要があります。また、鉛筆を持って字を書く前には、鉛筆で図形をきれいに塗るなど、筆の持ち方、線の引き方や姿勢なども整えておかなければ書

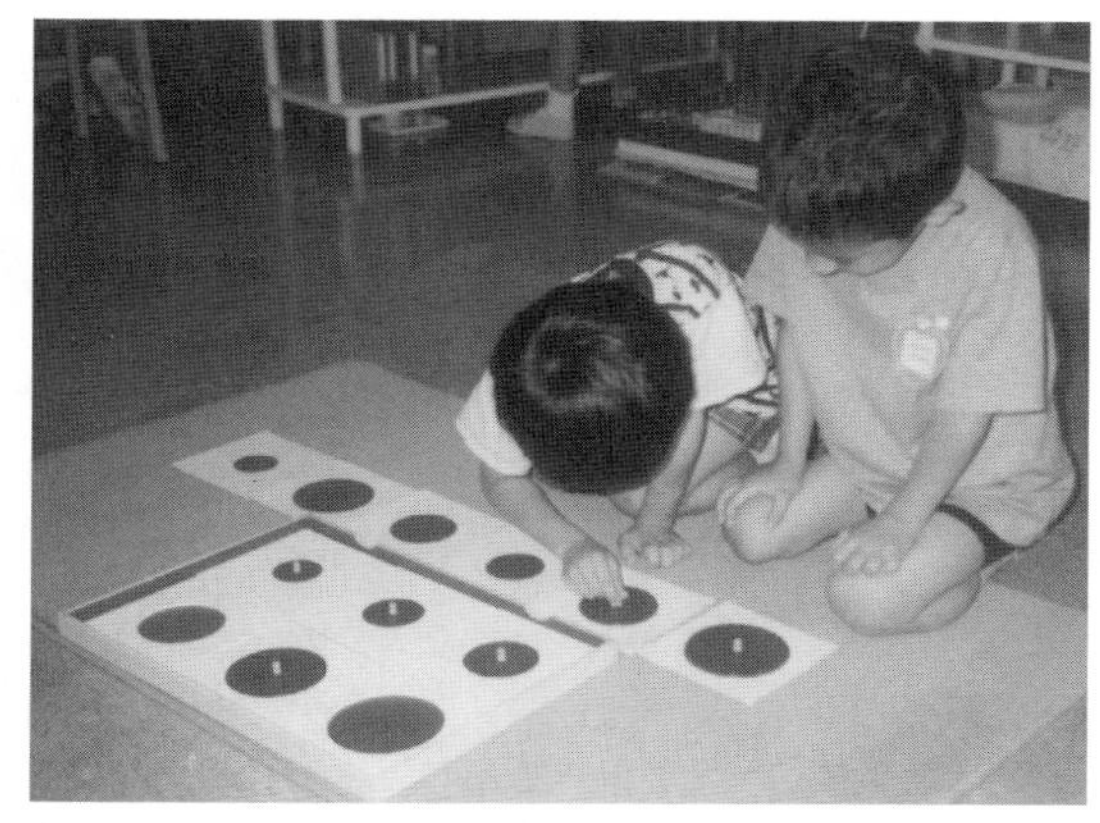

「図形のひきだし」
細かな差違をみつけて同じものを合わせる

けるようにはなりません。

読む、書くことを教える前にこの五つの発達の状態をよく観察して、無理なく、ちょうど良い時に文字への興味が実を結ぶようにしましょう。

子どもに字の読み方を聞かれたら

子どもが図鑑などを見て「なんて書いてあるの？」と名称を尋ねてくる時には、すぐに字の読みを知らせないで、白い紙にゆっくり字を書いてからその文字の読みを発音し、「これは○○よ」と教えるようにしましょう。時間がかかりますが、子どもは親の手元をじっと見て、字ができ上がるまでその流れを見ていますから、筆順に気づくことができます。またコンピュータのようにキーを押せば文字が出てくるのではなく、何もない所に記号として書き表して初めて文字となることに気づくと思います。昆虫図鑑の虫の名前を尋ねる子どもには、絵の下に書かれた名称の文字を一文字ずつゆっくり、例えば「か・ぶ・と・む・し」と読み、それから単語として「かぶとむし」と書いて読んであげましょう。

子どもは、名前を知るためには絵の下に書かれてある文字を拾い読みすればわかることを知り、自分から読もうとするでしょう。何度か繰り返すうちに読める文字が増えてゆきます。てっとり早く教えてしまえば楽ですが、子どもが学んでいることを考えると、時間をかけて付き合うことが大切なのです。

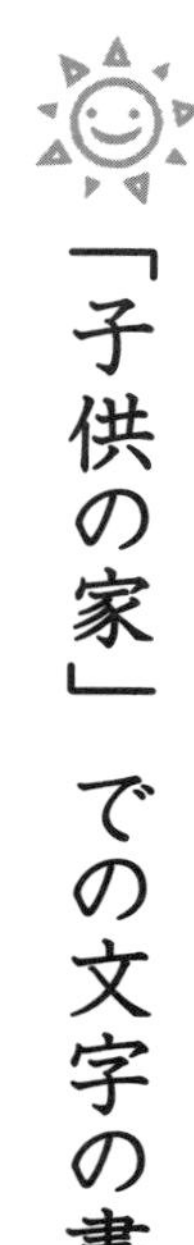

「子供の家」での文字の書き方の練習

砂文字で文字の形、文字の筆順、音「読み」を指でなぞって認識した後は、鉛筆を持って「書く」ことに興味を持ち始めます。モンテッソーリ教育では、子ども自身が間違いに気づき、自己訂正できるように、わかりやすい手順で練習してゆきます。ここでその方法の一部を紹介しましょう。

書き始めの子どもの力量を考えて、次のことに注意します。

○鉛筆の柔らかさを２Ｂ～４Ｂにする
○文字のサイズを、はじめは七～八㎝ぐらいにする
○鉛筆の持ち方、書く姿勢などあらかじめ伝える。
○図形をなぞるなどして、前もって線の書き方を練習する。

用意ができたら次のように進めます。

1、正しい字が子どもに見えるように文字カードを手元に置き、見せる。
→一度に見せる文字数は三字までにします。
2、筆順がわかるように、色分けされたカードを用意する。
3、はじめは、そのカードに沿って、書き写す。
4、できた文字は見本と同じか（見て正しいか）、子どもが判断する。
5、何回も書いて、ある程度スムーズに鉛筆が運べるようになったら、字のカードを写さないで、見てフリーハンドで書く。
6、自分の名前の文字を選んで、書きたいだけ書く。
7、できるようになったら、自分の名前を続けてフリーハンドで書く。
→このとき、別の紙に正しい文字を書いてあげるか、カードを並べて置くかして、間違いが自分で見つけられるようにしておきます。
8、次第に似ている文字だけを拾い出して、練習する。
→例えば「ね、わ、れ」のような文字のわずかな違いに気づくようにカードを選ぶなどしてみます。
9、字のサイズを小さいマス目にして書く。

→動物の名前や子どもの名前や、好きなシールの名称などを書いてみるよう勧めてみます。

このような行程を、時間をかけてゆっくり丁寧にしていくと、自然に字を書けるようになります。その時、間違いに気づかない子どもには、何度もしつこく教えないで気づくまで待ち、今できたことだけを褒めて、次のチャンスを待ちます。

字を覚えたいと思うと、子どもは何度失敗しても繰り返しやり始めます。自分で正しく書けるような教材を準備して目につくところに置いておくと、「やってみる?」の言葉がけだけで、進んで取り組みます。

書きはじめたら、早いものです。一か月ぐらいで書けるようになります。

ここで、言葉と文字の獲得についてちょっと考えてみましょう。

二歳までは無意識のうちにも言葉を自分のうちに溜め込んでいるのですから、いろいろと話しかけることは大切です。「行きましょう」と言いながら「行く」という動作をしていくうちに、「行く」という言葉の意味をつかんでいきます。

二歳以後は、自分で言葉をたくさん使って試行錯誤していくことが大切です。ときどき三歳で入園してくる子どもの中に、もう既に文字が読める子どももいます。確かに、文字は一種の絵、線で表された形ですから、よく形が識別できる子どもには覚えやすいものですが、ときどき問題が起こります。文字を読めるということが、その子どもの人間関係の上で少しも広がりを助けることなく、コミュニケーションの役割を果たさず、単に読めるという道具になっていることがあります。

文字を読むというのは、話し言葉から書かれた文字の世界へと、コミュニケーションを広げたいという欲求から必要となってするものです。コミュニケーションの発展としての文字の獲得ではなく、単なる知識としての文字の獲得になっている場合には、たいてい人間関係がうまくいかないで、友達とうまく遊べない、あまり友達に好かれないなどの傾向が見られます。**会話の能力の延長線上に文字を知る必要が出てきて読む、書く、という段階に自然に入れるようにしたいものです。**せっかく読むことができても、人とのコミュニケーションの道具として使えないのでは、知っている意味がありません。

見本の文字を写して書く

数と量を教える

帰る時になかなかコートが着られなくて皆より遅れてしまったりすると、焦ってイライラしたり大騒ぎしたり心が乱れてしまう子どもがいます。そんな時、椅子に座らせて一から二〇ぐらいまでの数をゆっくりと静かな声で数えてあげると、不思議と落ち着いてきて静かに待つことができます。数は、小さい子どもにとって難しいものではなく、ある一定のリズムを持った、ルール（秩序）のある落ち着く世界のようです。

私の子どもが二～三歳のころ、チューインガムを出して、「これが一、これが二、これが三」と言いながら、ガムを三枚机に並べてみました。言葉を次々に覚える時期でしたので、これくらいの数はわかるだろうと考え、「ガムを二枚ください」と言いますと、しばらくガムを眺めて考えていましたが、そのうちに、三枚並んだなかの二番目を指して、「二はこのガムだったかな？　これだったかな？」と言いながら二というガムを見つけようとしていました（図11）。

それまでの言葉を理解する時には、必ず物があってそれに対応していけばよかったのですが、言葉を知ることと、数という抽象概念を理解することとはずいぶん開きがあるものだと思い、もっと具体的に量の違いがはっきりと目に見え、手で感じ取れるように工夫しないとなかなか伝わらないと考え、別の方法でやってみました。

ガムを一枚ずつ数えながら一枚と二枚と三枚のグループに分けて並べると、目で見ても一と二と三の量の違いがわかります。「ガムを二枚ください」と言うと、置いてある三種類のガムの中から二枚になっているガムを選ぶことができました（図12）。

こうして繰り返していくうちに、次第に数とは何か、その抽象的な事柄が理解できるようになっていきます。

図11

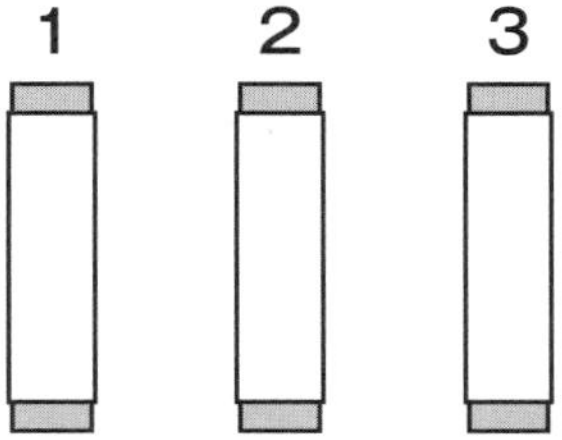

1　2　3

図12

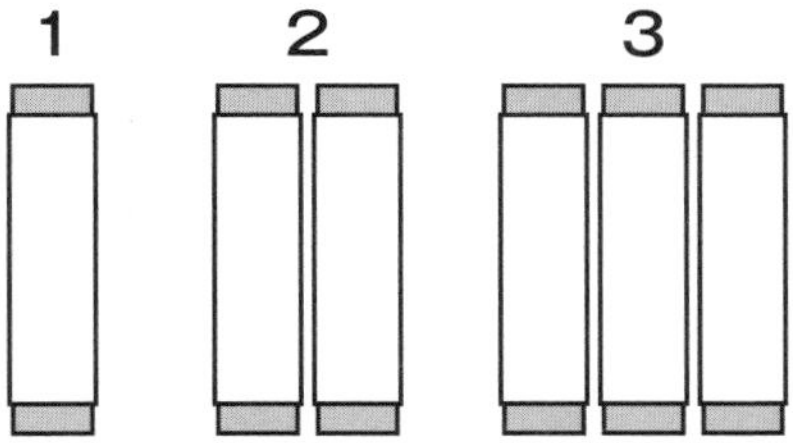

1　2　3

モンテッソーリ教育では、幼児期から数の教育カリキュラムが組まれていますが、どんなやり方でも良いのではなく、子どもが理解できるように、その年齢に合わせて紹介していきます。私がガムで紹介したやり方は「数と玉」というもので、ガムの代わりにシンプルな赤い玉で行います（図13）。

一、二、三という数唱は、一個に対応して一という数唱が与えられることがわからなければなりません。それは生活を通して数体験をしていくうちにできるようになります。例えば、コップ、おはじき、おやつのクッキーの数を数えたり、「いち、に、さん」とかけ声を一定のリズムでかけることも良いでしょう。

初めはめちゃめちゃでも、繰り返していくうちに、一定のリズムをとって一対一と対応していくようになります。

初めは〇から一〇までの数詞と量の一致を繰り返します。四歳から五歳になり、それがわかるようになると十進法を紹介します。

次第に十進法の法則にしたがって位取りを理解できると、一、〇〇〇以上の大きな数もわかるようになっていきます。

一は点。一〇は一の点が一〇個集まった線。一〇〇は一〇の線が一〇本つながった面。そして、一、〇〇〇は一〇〇の面が一〇枚重なった立方体。そして、一〇、〇〇〇は一、〇〇〇をまた一の点と見立てた線。一〇〇、〇〇〇は一〇、〇〇〇の線が一〇つながった面というふうに考えると、数という世界も、実は私たちが住んでいる三次元の世界に置き換えることができるのです。ですから、難しいという先入観のない子どもにとって、数は落ち着くことのできる身近な世界と感じられるのではないでしょうか（図14）。

図13

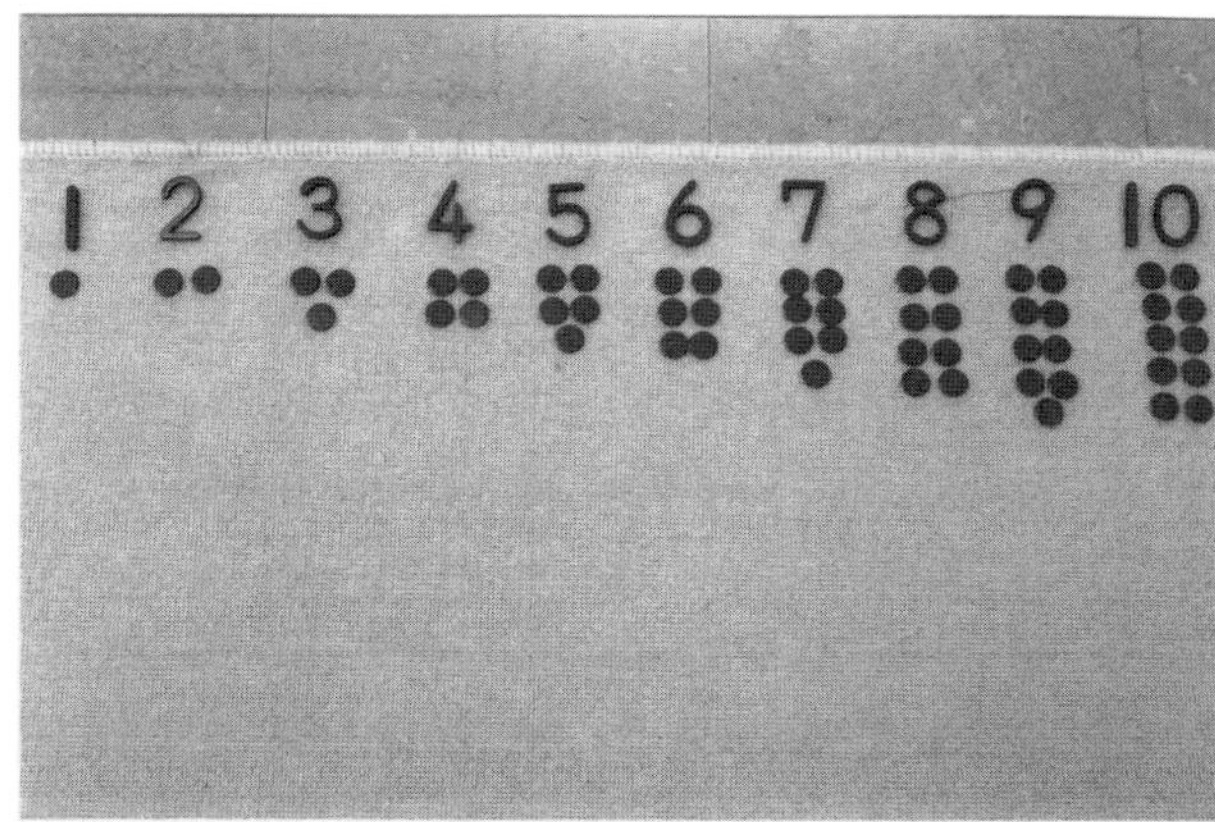

「子供の家」で使っている「数と玉」

図14

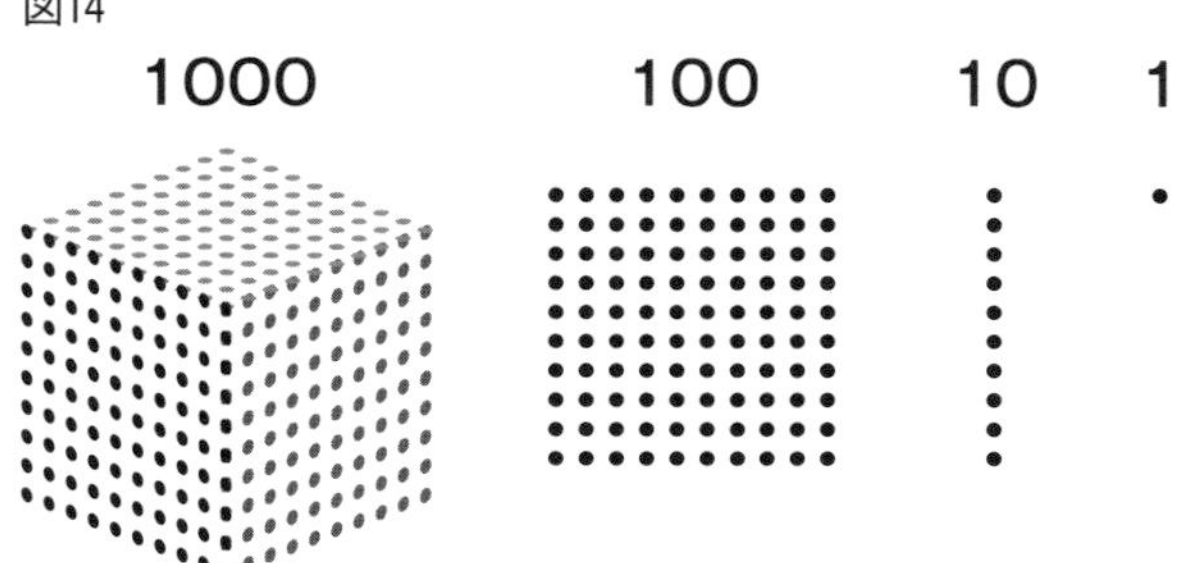

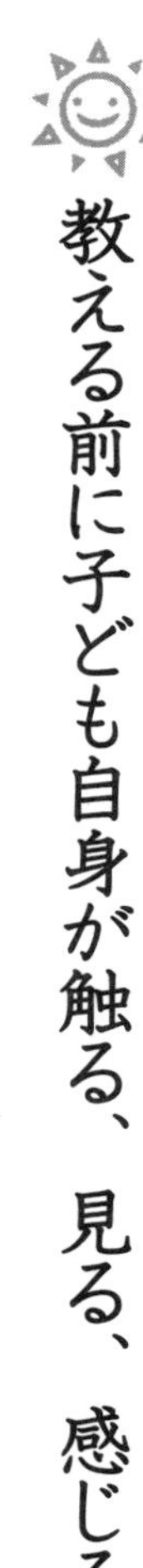

教える前に子ども自身が触る、見る、感じることが大切

「先生、教えるコツは何ですか?」とか、「輝く子どもにするにはどうしたらいいですか?」などの質問をお母さん方からされることがあります。

「教えるコツではなく、子どもが学びやすいコツはあります」と答えます。

「輝く子にする方法はありません。輝く子になることはあるでしょう」と答えます。

「一生懸命教えたり、一生懸命いろいろな所に連れて行って学ばせるのはいいでしょう。でも、学ぶのは子どもです」「学んで身につけるかどうかは子ども次第です。子どもに任せなければなりません」と答えます。

とかく親は、子どもの気持ちややる気、能力を考えず、自分の思いが先に立って「このような子になってほしい」という気持ちを押しつけてしまいがちです けれども、往々にして、親の思いを一生懸命押しつければ押しつけるほど、結果は出ないようです。**子どもが今何を求め、どんな状態で何を教えたら喜ぶか、興味を持っているものは何かなどをよく観察して、学びやすい環境を整える**ことが良いのです。直接覚えさせようとしても空振りのことが多いようです。

幼稚園時代は、感覚が育つ時期です。五感をいっぱい使って「環境」を感じとり、五感で記憶したことを右脳に蓄えることが大切です。

五感の感じ方は、人により違います。また、同じ人でも、身体の状態やその時の心の状態でさまざまに感じます。そこに深みや多様性が生まれるのです。

この時期の「環境」とは、自然であり家庭であり、人との交流です。公園や庭で水や石、火、草、土、砂、虫、花など自然に肌で触れて、自分の心で感じることがまず大切です。あれこれ教えるよりも、親子一緒になって楽しみながらゆったりと会話したり触ってみたり、遊んでみることが大切です。

しかし、お母さんたちは、「水に親しむ」と言うとプールで泳がせようと連れてゆきます。プールに連れてゆくのならまだしも、水泳教室で泳ぎを習わせて、水泳が上手になるようにと考えてしまうようです。けれども、水まきをしたり、お風呂で楽しむのでも良いのです。

「火」と言うと危ないと遠ざけたり、触れないようにしてしまいますが、仏壇にロウソクを灯すだけでもいいのです。キャンプやバーベキューで火を起こすなどでもいいのです。

子どもを、原始の人間が過ごし、体験している時代と考えて、土や砂などに自然に触れさせてゆくことが大切です。何も教えなくても、感じることはこの時代の子どもの特権ですので、大人よりもずっと多くのことを学んでいます。

こうした体験のなかで自然に親子の楽しい会話をすることで、感じている事柄とそれに関連する言葉を結びつけてゆき、言葉の発達も進んでゆくのです。

文字のカードを使って、早くから文字や漢字、英語を教える教室がありますが、二、三歳の間は、カードを使って覚えるのではなく、実際の果物や実際の体験、実際の状況下で体験して言葉と結び付けることが大切です。

どこでも同じ絵でバナナという言葉や英語、漢字を覚えて何になるのでしょう。カードやインターネットの情報などで、同じ絵で言葉を覚えても、仕方のないことです。**オリジナルな自分だけの体験があって、初めて生きた言葉となり、深い意味を持つ言葉になる**のだということを忘れないでください。

全国同じもので覚えた知識は、その子の人格や知恵に何の役にも立ちません。子どもが体験し、感じている時、その目は自然に輝いているのではないでしょうか。

右脳を育てる感覚遊び

「子供の家」でしている感覚遊びをご紹介します。楽しみながら自然に五感が洗練されていきますので、ご家庭でも試してみてください。

視覚　なんだろう？　良く見てね。

箱の中に子どもがよく知っている棒状の物を一二点ほど入れます。箱にはのぞき見ることができる穴と明かりとりの穴を開けます。棒状の物は、鉛筆、木の枝、チーズスティック、白墨、クッキーなど、形状が似ているもので、子どもが良く知っているものにします。薄明かりの中をのぞいて、何が入っているかを紙に書き出し、当てっこするのです。一二個書き出したら、箱の中を開けて一つずつ取り出し、いくつ正解があったか答え合わせしてみましょう。

この遊びは凝視しないと見えないので、視覚を育てるゲームとして「子供の家」でも大人気です。答え合わせの後は、中に入っているチーズスティックやクッキーを食べたり、シュガースティックでミルクティーを作ったりといったお楽しみをつくると良いでしょう。

触覚　何だろう？　よく触ってね。

かごの中に球体の物を一〇点ほど入れます。

片手で触れるように直径が六㎝ぐらいの大きさにします。上から布でカバーをし、中が見えないようにしておきます。

例えば、毛糸玉、テニスボール、粘土、スポンジなど、手触りがそれぞれ違うもので、子どもがよく知っているものが良いでしょう。

布の中を見ない約束をして片手で触り、何が入っているか当てっこします。

一〇個の名前をノートに書き終わったら、一緒に一つずつ出し、いくつ正解したか確かめましょう。

こんにゃく玉など、触って冷たい物や、ぬるぬるする物があると盛り上がります。

味覚　どんな味？　何の味？

小さなカップの中に一つずついろいろな食品や飲料を入れます。目隠しをしてそれを口に入れてもらい、どんな味か、何の味かを当てます。

例えば、梅干し、レモン、牛乳、いろいろなジュース、飴、チョコレートなど、子どもがよく知っている物で、食べて安全な食品を二〇種類ぐらい用意します。目隠しをして味わい、何の味か、物の名称を当てます。甘い、辛いなどの味を尋ねてみましょう。マヨネーズなどは、酸っぱいと甘い味を感じ、「甘酸っぱい」という味を表現する子もいます。

薬のせんぶりを薄く溶いたものなども用意すると「苦い」と顔をしかめる子どももいて、盛り上がります。目をつぶると集中するので、より味覚を刺激して楽しい遊びです。お父さんにやってみると更に盛り上がります。

嗅覚　何の匂いかな？　当ててみよう。

こしょうの瓶をよく洗い、瓶の周りにカバーをして中が見えないようにします。それぞれの瓶の中には子どもがよく知っている食品をティッシュに包んで入れます。

例えば、カレー粉、石鹸、リンゴ、クッキー、花など一〇種類ぐらいです。中に何が入っているか、どんな匂いかを当てて、ノートに書き出しましょう。ハーブなど良い匂いを嗅ぐと、五感を刺激してすっと癒されます。

聴覚　同じ音はどれ？　よく聞いてみよう。

耳をそばだてることを楽しむ教具に「音の筒」というものがあります。四本（～六本）の細長い筒の中に砂や豆などを入れ、上下に降ると、マラカスのように音色が響きます。同じ音色の筒がもう四本（～六本）あって、同じ音を探して対を見つけていきます。

はじめに一本の筒を静かに持って上下に振り、音色を聞き取ります。その後残りの音色を聞いて、みんな違う音色であることを確認します。

もう一方に同じ音色がする筒を同数用意して、そのうちの一つを振って、さっき聞いた筒のどれが同じ音色なのかを聞き分けてゆきます。

同じ音色の筒が見つかると「同じ」と二つの筒を揃え、次の筒を持って探します。良く集中して聞き分けてゆくと、四本（～六本）の筒が、それぞれ一対の音色であることがわかります。

子どもは、誕生時にはまだ器官が未発達で良く聞こえないのですが、成長とともに誰でも音が聞こえるようになります。しかし「音の筒」は、音が聞こえるだけでなく、砂の落ちる音のようにわずかな音色を聞き分けること、つまり耳をそばだてて聞くことができるようになり、聞き取る聴覚が洗練されてゆきます。

良い音楽を楽しむには、良い耳を育てることが大切ですが、ガンガンと大きな音で音楽を聞くのではなく、**静かに耳をそばだてる体験**をすることで育ちます。

ある時は目をつぶって、いろいろな楽器を叩いて何の楽器か当てっこしたり、部屋の中のいろいろな用具の音、たとえば水をチョロチョロ流す音、歩く音、紙をめくる音、ドアのノブを開ける音など、生活の中の音を聞かせて、何の音か当てっこするのも楽しいですね。そんなとき耳をすませて聞こうとする姿勢ができ、静かにすることを楽しめるようになるでしょう。

「静かにする」ことは「静かにさせる」のではなく、耳をそばだてて聞くことで自然に「静かになる」のです。子どもは聞こえないので、かえって静かにして聞こうとするのです。

少し年齢が大きくなったら、自分で音色をつくるのも、よい体験になります。

たとえば紙コップを四つ用意し、中に小豆を少量入れます、二つの紙コップをセロテープでつなぎ、マラカスにします。同じ音色になるようにもう一方の紙コップに小豆を入れ、小豆の量を微調整してよく聞き分け、一対のマラカスを作ります。このとき、同じ音になるようによく振って音を聞くことを大切にします。

もう一つ、フィルムケースのようなプラスチックの小さい容器にお米を入れ、五～六個同じ音になるように聞き分けて作ります。それを針金に通して丸くすると、タンバリンができます。

同じ音になるように、ケースや紙コップを振って、音色が同じになるように聞き分ける時、しっかり耳をそばだてて聞く体験になります。

できたら、音楽に合わせて楽器のように叩いて楽しむとよいでしょう。

間違いを訂正しないで、間違いに気づかせる

六月の父親参観日のある日のことです。

年中で入園したＪさんのお父さんも楽しみにして教室に入ってきました。Ｊさんは「一〇〇並べ」を選んでいました。「一〇〇並べ」は、一から順に一〇〇までの板の数字を見つけて、ボードに並べてゆく教材です。

四月に入園してまだ二カ月で、一〇〇までの数の教具は一人でも数字を順に並べることができますが、一〇〇までの数は手助けが必要です。一から一〇までの板を出し、間違いを訂正できるボードを見ながら、順番に数字を見つけて一〇〇のボードに並べてゆきます。

一〇～二〇、二〇～三〇とスムーズに進めましたので、

「お父さん、このようにして一〇〇まで並べる活動を一緒にお手伝いしてくださいね」と言葉をかけてその場を去り、他の子どもの様子を見に席を外しました。

しばらくして戻ってみると、なんだか様子がおかしいのです。

良く見てみますと、三〇まですらすらできるので、少しまどろっこしく思ったお父さん

は、一度にたくさんの数の板を出してしまったのです。その上、訂正版の板も隠して「見ないで自分でやってみなさい」と課題を与えているのです。

当然、まだ一〇〇まですらすらできるようにはなっていないので、三四が四三になったり、五六が六五になったりします。

「なんだ、こんなこともわからないのか。これは四〇だから、次は一、二、三、四、五というのだから、四四の次は四五だろう。これは五四じゃないか」と子どもの間違いをこれでもかというくらいに問い詰めているのです。お父さんに悪気はなく、一生懸命わからせようと言葉で教え、頭で考えて探すように教えているのです。

「しまった」と思って、すぐに親子の間に割って入りました。

「お父さん、このようにして子どもが『自分はできない、自分はわからない』ということを植え付けてどうするんですか」

「まずは四〇～五〇までを出して、その中から探させてくださいね。またわからなかったら訂正版でその数字を見せて、あとはその数字を自分で探させてください。自分で見つけられるように、できるように手伝うことが大切です」と言いながら、自分で探せるようにしてゆくと、一〇〇までスムーズに、無事に完成しました。

お父さんに注意されていた時の子どもの顔は、困ってしまって自信がなさそうな様子でしたが、できたときは、嬉しそうに満面の笑みで「いち、にい、さん……っひゃく！」と読んでいました。お父さんも私の注意で、はっと気がついたようでした。

そのあとの父親との懇談では、間違いを直接指摘しないこと、間違いに気づくように訂正版があるので、自分で気づいて自分で直すような助言が大切であることを話し合いました。

このような場面は、常日頃、親子の会話の中で良く見かけることです。

間違えたことをそのままにしては良くありませんが、直接指摘しては傷つきます。自信もなくします。または、ごまかそうとしたり、自分を正当化しようと嘘のうわ塗りを学ばせてしまいます。

そうなっては、教えようと、良かれと思ってしたことが台無しになります。**間違いに気づくように手伝うこと**が、大切です。

間違いを責めない・直接訂正しない

ある日の電車の中で親子が話していました。

年長児ぐらいの子どもが、塾でテストをしたのでしょう。お母さんは、その結果の用紙を「どうだった?」と言いながら眺めています。「うん。まあまあ」と子どもは答えています。

そのうちに何か間違えている箇所をみつけた親は、

「なんでこんなこと間違えるの? これはこうでしょ。わかっているでしょう。こんなミスをするなんて。ここもほら、ここも。何でわからないの?」と矢継ぎ早に、間違いを見つけては指摘し、それをなぜ? なぜ? と問い詰めています。

やっと試験が終わってホッとして帰る道です。間違えて残念と思っているのは子ども自身です。ところが、親の思うような結果を出さないことにいら立って、子どもの気持ちを考えずに、いらついた言葉を、考えなしに子どもにぶつけています。

子どもは、はじめは、「ちょっとだけ難しかった」など弁解していましたが、そのうちに「うん。そうそう。わかってたけど、ちょっと番号を書き間違えたんだよ」とか、「ああっそれね、それは書き間違いしたんだ」などと、正当化するのにやっきになりはじめました。自分のことをダメ呼ばわりする母に抵抗し始めたのです。

小さい子どもに失敗を直接問い詰めると、こんなに小さいうちから間違いを認めず正当化することを身につけてしまうのかと、怖くなりました。

間違いは間違いで、どこがいけなかったのかに気づき、どうすれば良かったかを考える手立てを与えるのが良い方法です。

子どもは、間違えたことはよくわかっています。「間違えて残念だったね」と気持ちに共感し、次にどのようにしたらよいかを見つけられるようにアドバイスすることが大切です。

間違いを自己訂正できる素晴らしい教具があります。それは、はめこみ円柱という教具です。

四五㎝ぐらいの台の上に、大小一〇個の穴が空いています。その穴にはつまみのついた円柱がぴったり収まるようにはめ込んであります。二、三歳の子どもたちは、その円柱を出してはまた、正しい位置にはめ込んだりします。

穴の大きさに合わないと、入らないか、ぶかぶかでぴったりした感覚になりません。けれども、何度か入れ直すうちに、正しい穴と円柱が合うとぴったり入ります。

はめこみ円柱

ぴったり入ると、スーっと気持ちよく吸い込まれてゆきます。誰も教えなくても自分で試行錯誤しているうちに正しくはめ込むようになります。

　もちろん、間違った時にも、違うよと教えなくてもぴったり入れたいと思うようになり、**自分で訂正**するようになるのです。できたときは何度も繰り返し、正解が早くできるようになります。

　初めて入園した二歳の子どもなどは、母親と離れて泣いていても、この円柱を入れたり出したりしているうちに「できた」と思うようで、ぴたりと泣きやむことが良くあります。

　子どもに何か教えるのは、言葉で正解や間違いを指摘するのでなく、この教具のように、**自分で気づけるような手立てを与えることで、自分で気づき、自分で正しい正解にたどりつけるようにしてあげる**ことが大切だと思います。

「人も動物も植物もみんな兄弟」平和な共存を教える

三歳になるまでに、子どもたちは自分の手と体を使い、いろいろな事柄を自分の中に急速に取り込みます。それからは、これまでに蓄えたさまざまな触覚的体験や味覚や匂いなどを使って、体験してきた事柄をさらに体系化して子どもの中に蓄える時期です。言葉を自由に操ったり、文字という記号が理解できないため、自分の感じ取る触覚的体験や味、匂い、感情などによって左右されていたものを、少しずつルール化していくようになります。

毎年子どもたちと合宿をしていますが、楽しかった体験の一つに両生類研究所がありました。子どもたちは初め、恐る恐る大きなひきがえるやサンショウウオにさわったりしていましたが、次第にどの子も平気で蛇を首に巻きつけたり、イモリやサンショウウオを手のひらにのせて遊べるようになりました。

研究所員の青年が子どもたちに聞きます。

「みんなのお母さんのそのまたお母さんのずっとずっと前は、サルから進化したんだよね。でも、もっとずっと前はなんだったか知ってるかい？」

自分たちのずっと先祖がサルと聞いて不思議がる子どももいるくらいですから、その前はなんだったかわかるはずがありません。

「人間はずっと以前に魚から進化してきたんだよ。みんなのからだの中に昔は魚だったという証拠が残っているんだけど、どこにあるかわかるかな？」

またまた難問。

「それは、人間の大事な頭を守っている髪の毛だよ。髪の毛を顕微鏡で見るとキューティクル、つまり鱗が残っているんだ」

大人の私たちも、子どもと一緒に納得しました。

私たち人間の妊娠による胎児の成長過程は、二カ月ぐらいまでは魚の胎児、四カ月ぐらいになると、爬虫類と同じぐらいに成長する。つまり、個体発生は系統発生の歴史をたどると動物学の先生から聞いたことがありますが、その証拠が確かに残っているのです。水は不思議に子どもの心を静めますが、こんな太古の体験が引き継がれているのかもしれません。

モンテッソーリ教具の中に「青と白の地球儀」というものがあります。それは地球が水

（青）と土（白）でできている星であることを象徴しています。そして、白い粘土と青い色水でさまざまな地形を作りながら、地理と同時に、水と陸それぞれの圏に生物が生活していて、人も動物も植物も、みんな地球という家の中で、互いに仲よく助け合っていく兄弟であることや、身近な生き物との関わりを話していきます。

モンテッソーリ女史の晩年は、第一次、第二次世界大戦という悲しい破壊の時代でした。自由教育を唱えるモンテッソーリ教育思想はその時代には受け入れられず、インドに亡命していたのです。生まれ育ったヨーロッパの文化的上流社会の生活とは一八〇度も違い、大地と自然に身を任せたようなインドの生活の中で、モンテッソーリ女史は世界平和を願い、人間同士の平和を越えて地球上の全ての生物たちとの平和な共存、宇宙の秩序に由来した生活の大切さを強く感じて、コスミック・エデュケーションという理念を提唱し、実践し始めたのでした。その理念を実現できるのは大人ではなく、次の時代を担う子どもたちであり、**子どもたちを、平和を愛し、実行できる人間に育てること**がいかに大事であるかを説いています。

コスミック・エデュケーションに対する文献は、まだモンテッソーリ関係者の間で公表されないものもあり、その全容は明確にはわかりません。しかし、世界中に大きな変革の風が吹いているこの時代ほど、地球上の動植物、ひいては宇宙の秩序と深く関わりのある

地球上の生物と仲良く共存できるよう

私たちの生活環境について、子ども時代から関心を深め、素直な心で愛と生命について感じ取れる心の教育が必要な時はないと思います。

一昔前ならいつでも身近に転がっていた自然に根差した生活も、今は文明という巨大怪獣の陰に見失われそうな気配です。よしんば自然いっぱいの田園に住んだとしても、テレビ・ビデオなど、与えられた人為的情報環境に埋もれがちになります。

子どもたちをいきなり文明社会の現代人の生活の中に放り込んでしまわずに、その成長の過程で、原始人類の時代に体験した原体験としての進化のプロセスを、一歩一歩たどっていくことができるように、環境を再構築することが大切です。

第4章

迷わないための子育ての哲学

子どもをよく観察し、子どもの心とシンクロさせよう

子どもを育てるときにとても大事なことは、子育てに哲学を持つことです。哲学というと何だか難しい世界のようですが、生きることをよく考え、揺るぎなく考えて育てることと考えてみましょう。

いろいろな子育ての本を読んで勉強することも大切ですが、それをそのまま鵜呑みにして、そのつど都合のよい理論を持ち出して正当化してゆくことは子育てに一貫性がなく、子どもを不安定にしてしまいます。

伸び伸び育てて成功した子育てを参考にして、自由に育てるという考えを取り入れてみたり、しっかり子どもの進路に路線を敷いてそれ故に成功した方の例を取り入れてみたり、さまざまな人のノウハウを自分に都合よく当てはめて、自分の子どもにやらせようとするのは、一本筋が通っていない子育てになりがちです。そのような子育ては、子どもにはいい迷惑になります。

どう育てたら良いか迷う時、参考程度に子育ての本を読み、参考にするのは良いでしょう。しかし、子どもは一人ひとり違うということをしっかり踏まえたうえで参考にしましょう。

自分の心を子どもの心とシンクロさせてよく子どもを観察すると、何が好きで、何に興味があり、何を心配しているのかなどが見えてきます。

親は往々にして、自分の思いを子どもに求めがちです。それは、子どもを見ているのではなく、また子どもを思っているのではなく、こうしてほしい、こうあってほしい、このようにするべきだ、こうあらねばならないなど、親の勝手な希望であり、勝手な欲であり、勝手な憧れであり、勝手な信念なのです。子どもが思い、悩み、子どもが持つ希望、意欲、考え、子どもがいいなと思っていることとは違うのです。

しっかり子どもと向き合い、そのしぐさ、目の動き、笑っていること、喜んでいること、不安な表情などを感じて、それに呼応して、話しかけたり背中をさすったり手を握ったりして、子どもが喜ぶことを見つけ出す。そのようにして子どもの心とシンクロすることが大切です。

子どもはそうやって、親が目をかけて見守り、環境を整えていてくれるだけで、自分で解決させて自分で育ってゆけるものです。

よけいな手出しや口出し、細々とした気遣いは、かえって子どもには、「うざい」と思われてしまいます。そして、そうしている親に気遣って、それに応えるいい子になることに疲れてしまいます。

心をシンクロさせ、優しい微笑みで見守り、自由にさせてあげましょう。「それでいいよ」のサインを送ってあげることで安心します。

子どもは、お母さんのお腹の中で一〇か月の間、卵子、精子というひとつの細胞から六〇兆個の細胞である人間の子まで、自分の力で成長してきたのです。良い栄養と温かい愛情を注いで、見守っていきましょう。

選択し、結果を受け入れる

何かを決める時、迷っていても、はっきりしていても、その時、子どもが自分でできる範囲の中でどちらにするか決めること、自覚して決めることが大切です。

そうすれば、たとえ失敗しても選んだ理由や自分の考えがはっきりしているので、次に修正ができます。こちらを選んだとわかっていれば、失敗したら次に別の方法を試してみることができ、次第に学習して、思春期の難しい時期になった時に、ある程度極意がつかめていることになるでしょう。

反対に、曖昧なまま、しかたないという風に過ごしてしまうと、親も何も学習せず、いつも同じことで悩み、同じことで失敗をし、そのたびイライラして子どもを怒って傷つけたり、振り回されてしまいます。

自覚せず何となく流れのままに過ぎていくと、歩んだ結果に納得できないことがあります。

行動することには、常にその結果がついてきます。選んだら、その結果を受け入れて、時にはそのためにふりかかったことは我慢しなければならないことを受け入れることです。Aを選んだらAの結果がついてきます。Bを選べばBの結果がついてきます。その結果を見据えて選択することが大切です。たとえその読みが外れても、それを受け入れて、次を考えてゆくのです。

ある小学生の子どもが、学校の授業がお休みでない時に、父親と一緒にスキーに行きたいのですが、次の二つの選択肢で迷います。

A　学校をずる休みするので倫理に反する。友達からずる休みしたとなじられる。先生にも睨まれる。成績が悪ければそれ見たことかとなじられる。それはとても耐えられないから、スキーには行かないであきらめる。

B　こんなチャンスは滅多にやってこないから、やめたら後悔する。うじうじして、かえって勉強にやる気が出ない。やっぱり行けば良かったと後悔するかもしれない。だから行こう。

こんな時には、親が決めてしまうより、子どもに好きなことを選ばせると良いでしょう。

好きなほうを選べばその結果がついてくること、それを受け入れる覚悟が必要なことをよく話して選択させましょう。

Bを選んだら、その結果を受け入れて、なじる友達のせいにしない。なじられても聞き流す。先生にバッシングを受けても、勉強を頑張って有無を言わせないなどのことを話します。

それがつらいのであれば、Aの行かない選択もあり、別の機会を待つこともできることを話した上で、子どもに選択させる。

その少年はBを選択し、相当なバッシングに耐えたようです。

どのような選択にせよ、その結果を受け止める気持ちを育ててゆくことは　将来自分の仕事を決める時、仕事上で選択を迫られるとき、伴侶を選ぶ時にも、自分に一番良い選択ができるようになると思います。

子どもに自分自身で考えさせる

子どもの魂は未来に生きている。

この言葉はレバノンの詩人カリール・ジブランの詩の中にある言葉ですが、子どもを理解し、心をシンクロさせる時に踏まえておきたい一文です。

子どもが受験勉強をしたり、将来を考え大学を選ぶ時など、ともすると、立派な父親のようになってもらいたい、母親の思うようないい子になってもらいたいと思い、子どもの将来を期待して、あれこれ助言をしたり奨励したり、叱ったりすることがあります。期待すること、願うことは、親なら誰しもすることで、子ども思いの親であれば当たり前のことです。しかし、問題はそれからです。

父親と同じ道をそのまま歩み、同じようになることはできないのです。同じと思っても**子どもの魂は未来に住んでいて、過去には戻れない**のです。

あまりに子どもの人間形成に介入して親の思うように育ててしまうと、子どもは自分の世界を築けなくなる危険があります。

道を敷いてあげたり、よく考えて、心とシンクロさせながら自分で選択したと思うように配慮することは大切ですが、親と同じように考えることを求めたり、親と同じように判断することを求めるのは、子どもの領分を侵してしまうことになりかねません。

人生の先輩として、意見を持って話したり、世間の実体を知らせてあげることは良いでしょう。しかし、しょせん、子ども自身が肝に銘じて学習してゆかなければ、身に付きません。

宇宙の詩

子どものなかに　ひとつの宇宙がある
それは
自由に　うごきまわっている
鮮やかに　かがやいている
ひとつ　ひとつ
自分の経験と工夫で　つくられている
みんな
ちがった色　　ちがった形　ちがった動き
子どものなかに　たったひとつしかない
その子だけの宇宙がある
磨かれるたびに
ますます深く　大きく　独特の
宇宙になる

一九七三年に「子供の家」を開設する前、小学生から高校生まで創造活動を通じて学習する CACO DOME カコドームという創作学習塾を始めていました。その時に創ったこの詩を、「子供の家」開設の園のコンセプトとしています。

この詩は今でも二歳児が修了する修了証の式紙の中に紹介しています。

子どもは誰一人として同じではありません。同じ両親から生まれても、似ている部分はあっても必ず違いがあり、その個性を認めて初めてその子らしさが際立ち、星として輝けるのです。

兄弟で比較しても意味がありませんし、かえって亀裂を生じます。ましてや父、母のようになってほしいと強要するのは、大きな禍根を残します。友達と比べても他人に成りようがありません。

一つひとつちがう星として存在意義があり、自分らしい星として輝き出すのには、成長するまでに長い年月がかかるのです。

星は生き物ですから、これで出来上がりということではなく、いつまでも爆発したり、穏やかになったりして繰り返し成長し続けるのです。自分らしい星として　輝いて生きてゆけるようにその内部に秘めたエネルギーを信じて観察したり分析したりして、見守り寄り添うことが大切なのではないでしょうか、そんな思いをこめてこの詩を送っています。

子どもは岩に埋まっている原石

子どもは精神的胎児であり、身体は大人と同様に生まれてきても、その精神は未熟で、その能力は可能性としてまだ外に出てきていません。環境と出会うことで、次第に能力が磨かれてゆくのです。

いわば岩の中に埋まっている原石です。しかし、ただの石ころではありません。環境と出会って研ぎすましてゆくことで、次第にその子の能力となって、個性や力になってゆきます。

どんな宝石か子ども自身が見せてくれない限り、周りには伺い知れません。磨いて光って、初めて周りにわかるようになります。その間は子ども自身に任せて、いろいろなことが吸収できる環境を準備してあげましょう。

何をするのか選ぶのは子どもです。自分になるために必要なことは、子ども自身がわかっています。手に取れるように配慮して環境を整えることで、自分で磨いてゆきます。幼児のうちはどんな宝石か少しわかってきます。しかし完全なる宝石にまで磨かれているわけではありません。これから先、小中高校や社会に出てどんどん磨かれることで、本当の宝石になってゆきます。

ときどきは、濁流にもまれ、ただの石ころの中にまじって見失うこともあります。でも丁寧に拾い上げてきれいな水で洗い流すと、石ころではない原石が見えてきます。

石ころにまぎれたまま放ってしまうと、いつの間にか、流れてわからなくなります。ときどき石の中で埋もれている原石を拾い上げ、丁寧に手でぬぐい、光を見つけ出してまた泥沼でなく、清流に戻してあげる努力をしてほしいものです。

どの子も「宝石」なのです。どんな石かではなく、自分という宝石を磨いてゆくことが大切です。

その子には、その子にあった環境を

子どもたちは、秋になるとヒヤシンスの球根を水栽培します。球根の底すれすれに水を入れ、黒い紙をかぶせておきます。いつも水が球根の下についているように水を与え、暗くして根が出るのを待ちます。

一、二週間すると白い根が出てきます。水を半分にして、球根が腐らないようにして、根に十分水が行き渡るようにします。寒さが本格化したころ、芽が少し出てきます。そのころになったら、温かい部屋から外に出して、そのまま寒い外で葉が出るのを待ちます。すると、少し暖かくなってきた冬の日差しの中で、花芽が出て、茎がぐんぐん伸びて美しいヒヤシンスの花が咲きます。

みんなで観察して、絵を描いたり、ヒヤシンスの花のスタンピングをしたりして楽しみます。

しかし、ある球根を外に出さず、部屋の中に入れたまま、冬休みの間温かい日向に置いておきました。すると、外に置いた球根より早く芽を出し、早く葉を出し、早く花芽が出てきて、はじめは「一番に芽が出た、葉が出た」と喜んでいたのですが、そのまま茎が伸びずに花を咲かせてしまいました。ボールのようになって咲いてしまった花は、あまり美しいとは言えません。子どもたちのがっかりした顔が寂しそうでした。

このように、早く芽を出せ、早く葉を出せと温かい所に置いたことで、本来咲くべき美しい花にならないこともあります。

子育ても同じことが言えます。

その子にはその子にあった環境で、少しぐらい厳しい環境でもその子にはぴったりの環境になることがあるのです。時には、寒くてかわいそうな環境でも、自分に合っていれば美しい花を咲かせることができるのです。

早く早くと安易に育ちを急がせないこと、また、ぬくぬくとした温かさだけの環境で**甘やかしすぎない**ことも大切でしょう。

土壌を耕し、種をまく。実をならせるのは子ども自身

いろいろと子育てで悩む時、あせる時にこの言葉を思い出しましょう。

実は子ども自身がなる。

親は温かい太陽のような光である愛情と、あたたかくておいしい食事を与え、ほっと安らぐ水を欠かさないようにすれば、種は自ずと芽を出し、大きく育ち、実をつけます。

親が実をならせようと過度に栄養剤を与えたり、放っておいたのでは育ちません。根が腐ったり、枯れてしまいます。

親は自分の思うような実をならせようとするのではなく、どんな実になるかを楽しみにして、ときどき疲れている時には安らぎの水をたっぷり与え、子ども自身が自分らしい実をつけるよう、土壌となる環境を耕してあげて下さい。そして、愛情というあたたかい光を与えてあげて下さい。種から芽が出て、その子らしい木になり、実をつけるのを待ちましょう。

また、どんな立派な親でも、子どもの成長に親が勝ちすぎては、子どもは日陰育ちになります。心配のあまりにそばであれこれ世話を焼きすぎると、偉大な親であればあるほど親という大木の陰になり、咲くべき葉も花も実も日陰育ちになり、貧弱になります。

小さい苗木が頑張って育つのを、少し離れて心配しながら待ってあげるほうがすくすくと育つのではないでしょうか。

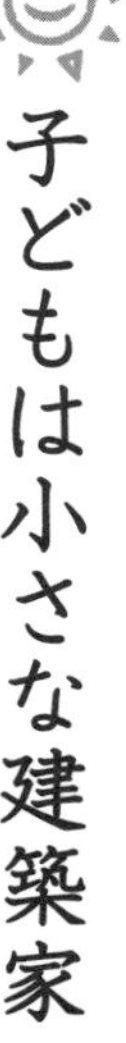

子どもは小さな建築家

幼児期は、人格の基礎をつくります。家でいえば土台づくりです。

この時期の子どもの活動は、砂遊びでも追いかけっこでも文字を書いていても、本人がやりたいとその活動に自分をかけて取り組んでいる活動は、子どもを育てます。いやいやするのではなく、そのことに自分をかけて取り組む時、集中します。心を傾けていることに、子どもの手や身体、感覚、知性を集中して取り組むことで、心を傾けていることの中に、子どもが自分自身になる要素を構築しているのです。

モンテッソーリ教育では、子どもの活動を「おしごと」と言いますが、大人が家族のためにがんばってする仕事とは少し意味が違います。大人の仕事は一生懸命働くことでなにがしかの報酬を得て、それが家族を養うとか、自分の生活を支えるとかの意味がありますが、子どもの仕事には、外から得られる報酬に意味があるのではなく、**自分で満足する、自分で集中して、気持ちが充実する**ことに意味があります。

ですから、初めてハサミで切り刻んだ数片でも、その時自分をかけて切った作品として、大事に扱います。「子供の家」でも、子どもたちは集中すると一度にたくさんの紙を切ります。子どもが疲れてしまうのではと心配して「もうおしまいにする？」と尋ねると、「まだやる」とあるだけ切ってしまいます。

十数分やって全部なくなると、やっと満足してハサミを置きます。先生は小さなビニールの袋にその切れ端を入れ、名前と日付を書いて保存し、作品帳に貼ってゆきます。切れ端ですが、「ごみ」ではありません。その子が自分をかけて作った作品となります。このような活動を繰り返して毎日続けてゆくと、次第に指が器用に動き、もっと難しい作品を作ることになり、子ども自身を育てていくのです。

自分をかけて取り組んでいると、うまくいかなかったりわからなかったりして、工夫したり、どうしてだろうと考えたり、不思議だな？と思ったりして、センスオブワンダーの気持ちが出てきます。そして、最後には「できた！」「そうか、わかった！」と喜んだり、発見したりします。そのような活動の繰り返しが、子どもの内面を構築してゆきます。どのような活動でも、心をかけて取り組むと必ず結果が出て、「できた！」という満足感が生まれ、自分を肯定してゆきます。

大人はどのように配慮したらよいでしょうか。ハサミを初めて持つ子どもは、ハサミを開閉することからやって見せ、一緒に開く閉じるを手伝います。開閉ができるようになったら、左手で持っている紙が切りやすいように手伝うなど、子どもがひとりでできるように手伝います。「子供の家」でもすぐに先生の手伝いはいらなくなり、ひとりで十数分も集中してゆきます。

集中すると、その時にいろいろな脳内の神経が働き、体に良い物質が分泌され、心から満足してゆくのです。

年齢が上がって、さらにハサミの使い方が器用になると、切る材料の難易度を上げてゆきます。子どもは「できた！」ときの達成感に満足して、自信をつけてゆきます。

こうして心から満足すると「できた快感」を覚え、もっとやってみたいと「意欲」が出てきます。面白いと「感動」します。

なかなかできないときは「工夫する」「もっとがんばってみる」、あきらめないで「続けてみる」。そしてついに「できた！」を実感して、嬉しさと同時に自己を肯定する。すると脳内に精神や身体によい物質「ドーパミン」「セロトニン」「アドレナリン」などが分泌され、「生きる力」が育ってゆくのだと思います。

このような行動を繰り返して、自分自身を構築してゆく「建築家」となるのです。

自分らしい子育てのメソッドを持つ

愛を持って子どもを育てることは、人間として基本の大切なことです。誕生を心から受け入れ、大事に命を扱うことで、人として大切な心を育てることになるでしょう。同時に自分を強く持ち、やりたいことやこうなりたいという思いを強く持てるように子どもの思いに寄り添い、時に見守り、時に教え諭し、時に共感して喜んだり感心したりしながら、子どもが自分を受け入れ、自分を信頼し、自信を持って意見を言ったり、行動を判断し、人として相手を思いやる心や、自分が他者のためにできることは自然に手を貸そうとする気持ちが育つように、日々いろいろな場面で親として行動することで、模範を示してゆくことが大切だと思います。

子どもは、知らず知らずのうちに親の背中を見て育ちます。

働きながら時間をやりくりして子育てしていても、一生懸命生活している親の姿から学んでいることもあります。**親が自分の置かれた立場で精一杯生きて子育てしていることは**子どもにも良い刺激となります。そのような親に育てられたからこその性格や能力を身に付けていきます。

簡単な方法があるわけではなく、その家庭、家庭で自分らしい子育てを実践して、経験し悩みながら、考えながら、どうしたら良い子に育つか、自分の家らしい子育てを実践してゆくことです。

平凡であっても一生懸命育てることで、子どもはどの子もかけがえのないたった一人のその子であって、誰とも変えることのできないわが子に育つのです。

一生懸命育てながら、自分らしい子育てのメソッドをつくりあげてゆくことが大切なのだと思います。自分で考えて選択したことは必ず次への指標になり、自分らしいメソッドができてきます。

仕方ないとか面倒くさいで片付けてしまうと、自分の行動の振り返りができません。失敗しても良いので、考えて一つの結論を実践し、その結果を次へのステップにしてゆけば良いのです。

子どもと一緒に起こってくる一つひとつの出来事を真剣に考えつつ、今ベストと思うことは何かと選択してゆきましょう。そこに自ずと自分流の子育てメソッドができてきます。

これらの一つひとつの悩みや迷いをどのように考え、行動したかをノートに記録してゆくとよいと思います。うまくいった時の言葉がけや事例、うまくいかなかったときの事例を書きとめてゆくことで、自分のとった選択を振り返ることができ、後に同じようなことで悩んだり、迷ったりする時の指針になるのではないでしょうか。これこそオリジナルな子育ての自分メソッドとなるでしょう。

わたしが、わたしらしく育つように手伝ってください

いつも卒園式などで、送る言葉として紹介する詩があります。
アメリカのルートヴィヒ・グッドマン博士の詩です。

わたしを　わたしらしく成長させてください
わたしがなぜ　わたしらしく成長したいのか　わかろうとしてください
お母さんが　わたしに　こうなってほしいと　思うようにではなく
お父さんが　わたしにこうなれと　望むようにでもなく
また先生が　わたしにこうあるべきだと　考えるようにでもなく
どうか　わかろうとしてください
そして
わたしが　わたしらしく成長するよう　たすけてください
本当に　わたしらしく

この詩はとてもロマンチックで、そうできたら子育ての達人ですが、ときどき子育てのるつぼにはまってしまう時に思い出して、少し深呼吸して、「そうだ。子どもの領分に踏み込まないで、よく観察してみよう」と思い、かっかとしないで冷静になるきっかけになるでしょう。子育ては常に自分の生き方を問われているのです。

おわりに

子育てに正解はありません。

子どもにとって良いことは何か。それは大人のあなたにとっても良いもののはずです。子どもにとって何が大切なのか、それはあなたにとっても大切なことなのです。

あなたなりの子育ての哲学を見つけてゆきましょう。いい加減に扱わないで、悩んで、たどりついた結果は、また次の悩みの解決を導いてくれるはずです。

長いこと原稿を待って下さった瀬谷出版の瀬谷社長に感謝申し上げます。

また、私たちを信頼し、大事なお子様をこの小さな子供の家にあずけて下さったご父母の皆様、ともに誠実に保育に関わって下さった職員の皆様、とりわけ沢山の気づきをあたえてくれた子どもたちに、感謝をこめて、この本を贈ります。

◎著者紹介

堀田和子（ほった・かずこ）

モンテッソーリ原宿子供の家・モンテッソーリすみれが丘子供の家 園長
ホームページ http://www.monte-tokyo.com/
NPO法人 東京モンテッソーリ教育研究所理事
同付属教員養成コース主任講師
日本モンテッソーリ協会（JAM）承認ディプロム
American Montessori Society 小学部 デイプロム
上智大学教育学科心理学専攻卒業

著書 『ちょっと待ってお母さん』PHP出版

共著 『モンテッソーリ教育への道』学苑社
『モンテッソーリ教育用語辞典』学苑社
『モンテッソーリ教育の実践』あすなろ書房　他

子どものサインに気がついて
――モンテッソーリ園長の子育てアドバイス

2020年3月6日　初版第1刷発行

著　者　堀田和子
装　丁　宮坂佳枝
発行者　瀬谷直子
発行所　瀬谷出版株式会社
〒102-0083
東京都千代田区麹町5－4
電話 03-5211-5775　FAX 03-5211-5322
印刷所　精文堂印刷株式会社